よけいな迷いが消えていく
58のヒント

自信をつける習慣

内藤誼人
心理学者

○はじめに

「私は、とっても頭がいい」
「私には、無限の可能性が秘められていると思う」
「僕は、だれからも愛されるタイプだ」

もしこのようなことを自信満々で言っている人がいたら、読者のみなさんは、どのように感じるでしょうか。「うぬぼれが強い人だな」とか、「なんだこの人……」とか、「少し頭がおかしいのかも?」と思うでしょうか。

もし、そう思うのなら、本書はあなたにぴったりかもしれません。

なぜなら、そのように思ってしまった人は、きっと〝自信のない人〟だからです。

じつは自信のあるタイプの人は、「私はとても魅力的」と公言してはばからない人に出会っても、不思議と嫌悪感を抱くことはありません。

「ふぅん、なるほどね」でおしまいです。

なにしろ、自分自身でも自分のことを魅力的だと思っているので、他の人が自分のことを魅力的だと言ったところで、そんなに気にならないからです。自分と同じタイプの人なのだなとしか思いません。

ところが、自信のない人は、違います。

オックスフォード大学のメラニー・フェンネルによると、自信がないタイプの人は、自分自身のことを「魅力的」とか「好かれるタイプ」だとはとても考えられないうえ、他の人がそのように感じることにも否定的なのです。「イヤなヤツ」「おかしなヤツ」と切り捨てるのですね。

でも、「自分が大好き」という人を無意識のうちに嫌っている人が、はたして自分自身のことを好きになれるでしょうか。

無意識に嫌っているようなタイプの人間に自分もなろうとはとても思えな

いでしょうから、それはきっと難しいことでしょう。

ではどうしたらいいのかというと、まずは、自分のことを高く評価するのは、そんなに悪いことではないのかもしれないな、と考えるようにすることです。「私って魅力的」と考えている人に出会ったら、「自分もこんなふうにならなきゃダメだな」と考えてみましょう。

「いやいや、私は何をやってもうまくいかないし、実績もないですから、そんなふうには思えないです」という人も大丈夫です。

意外と何の根拠もないのに、自信を持って行動している人は少なくないからです。

問題は、どうしたらそのような「行動力」や「思い込み力」が手に入るのか、ですよね。

本書では、自信を持った人になるための意識を変える方法、さらには自信がある人が自然にやっている行動習慣を58個のヒントにまとめ、どうすれば自信をつけることができるのかを探ってゆきたいと思います。

本書を読み終えるころには、読者のみなさんも、立派に「自信にあふれた人」に生まれ変わることができるでしょう。どうか最後までよろしくお付き合いください。

もくじ

第1章 「考え方のクセ」を変えてみる

第2章 「ちょっとの行動」を変えてみる

第3章 「モノの見方」を変えてみる

第4章 「生活習慣」を変えてみる

第5章 ゆるぎない自信を手に入れる

第6章 さらに自信を強化する

デザイン　小口翔平+畑中茜+奈良岡菜摘(tobufune)
装　画　髙柳浩太郎
組　版　石山沙蘭
校　正　共同制作社

第 1 章

「考え方のクセ」を変えてみる

1

勘違いしている
くらいで、
ちょうどいい

読者のみなさんは、自分の外見の魅力に点数をつけるとしたら、何点をつけるでしょうか？

おそらくは、きっとものすごく「低い点数」をつけるのではないかと思います。100点満点でいえば、15点とか20点くらいなのではないでしょうか。

けれども、自分に自信のある人は違うものです。

自信のある人は、自分をイケメン、とびきりの美人だと思っているのです。

こういう人は、客観的にはそう思われていなくとも、そんなことは気にしません。つまりは、「勘違い」しているわけですが、自信をつけたいなら、勘違いしているくらいでちょうどいいとさえいえるのです。

「ナルシスト度合い」を調べるテスト

米国ウィスコンシン大学のエイプリル・ブレスク＝レチェックは、50名の男性と49名の女性に、ナルシストの度合いを測定する心理テストを受けてもらいました。

「私は生まれつきのリーダーだ」とか「私は鏡で自分を見るのが好きだ」といった項目に回答してもらうことで、どれくらいナルシストかを調べてみたのです。

ちなみに「ナルシシズム」と「自信」は、ほとんど同じような概念で、本書では「自信のある人」と同じ意味で使っています。また、自尊心、自己価値観、自己効力感、自己肯定感といった用語も、ほとんど同じ概念だと理解しておいてください。

さて、ナルシストかどうかを判定したところで、肩から上の顔写真を撮らせてもらい、さらに「あなたは、自分のことをどれくらい魅力的だと思いますか？」と聞いてみました。次に、ブレスク＝レチェックは、撮らせてもらった写真を、別の判定者（男性7名、女性17名）に見せて、「この人の魅力はどれくらいだと思いますか？」と質問しました。

すると、ナルシストは、自分の魅力をとても高く評価しましたが、別の判定者から見れば、そんなに魅力的でもない、ということがわかりました。

つまりナルシストは、自分のことをイケメン（美人）だとは思っていますが、実際のところ、そんなにイケメン（美人）でもなかったのです。

客観的には、ごく普通。それでも、「私はいい男」「私はいい女」と思い込んでいるわけです。

＊

みなさんも自信を持ちたいなら、まずは自分のことを魅力的な人間だと思わなければなりません。「私は、鼻がちょっと大きいかもしれないけど、目がクリクリしていてかわいらしい顔をしている」

「私は目が一重だけど、芸能人の○○だって一重だから気に入っている」

「私はぽっちゃり体型だけど、クマのプーさんみたいで愛らしい」

こんなふうに考えられるようになれば、たいしたものです。

自分の魅力はとても高いのだ、と勘違いしていいんです。客観的に見れば、ごくごく普通の顔だちであっても、本人が魅力的だと思っていれば、それでいいわけですから。

2

自分に
都合の悪いことは、
信じない

読者のみなさんは、星占いや姓名判断のようなものを信じるでしょうか。

占いを見るときには、ちょっとしたコツがあります。

それは、自分にとって都合のいいことだけを信じて、都合の悪いことは信じない、という態度を貫くことです。

「今日のあなたの運勢は最高です！」という情報だけ信じて、「今日は不愉快な思いをするかもしれません」という情報は無視するのです。

どうも自信のある人は、これを無自覚に、自動的にやっているようですね。

そういう思考構造をしているのでしょう。

なるべく接しないように気をつける

米国ジョージア大学のマイケル・カーニスは、大学生にナルシシズムを測定するＮＰＩというテストを受けてもらい、まずはナルシストの度合いを測定しました。

それからインチキな心理テストを受けてもらい、インチキな結果を渡しました。ある人にはポジティブな結果を、別の人にはネガティブな結果を渡したのです。そのうえで、その心理テストの妥当性を判断してもらいました。

するとナルシストは、ポジティブな結果のときには「このテストの診断は大いに信用できる」と答え、ネガティブな結果のときには「このテストは当てにならない」と答えることがわかりました。

ようするに、自分に都合のいいことだけ信じる、ということがわかったのですね。

占いをするときには、とにかく自分に都合のいいことだけを受け入れて、悪いことはすべて無視するといいでしょう。悪いことを言われたときに、それを受け入れると気分がへこんでしまいますからね。

「そうはいっても、悪いことを言われると、どうしてもそれが気になって、忘れることができません……」という人もいるでしょう。

そういう人は、〝そもそも占いをやらない〟というルールで生活すること。

占いをやらなければ、不愉快な結果を目にすることもありませんから。

あるいは、まず他の人に占いの結果を見てもらい、あとでいい情報だけ教えてもらう、という方法もあります。

私もこれをやっています。神社でおみくじを引くときには、まず妻に読んでもらって、都合のよさそうなものだけ教えてもらうのです。こうすれば、気分がへこむこともありません。

*

自信がある人は、自分の気分を悪くするような情報には、そもそも接しないように気をつけていますし、かりにそういう情報に接してしまったときには、完全に無視したり、あるいはポジティブにゆがめて解釈したりするものです。

いちいち気分がへこまないようにしているので、いつでも自信を持っていられるのです。

3

不愉快なことは、すぐさま忘れてしまおう

自分にとって、気分が悪くなるようなことは、たくさんあるものです。イヤなことを言われたり、されたりすると、ついついそれにとらわれて、腹が立ったり、悲しくなったりしますよね。

でも、こうしたイヤなことは、さっさと忘れてしまうにかぎります。記憶にとどめておくのは、ポジティブなことだけ。この姿勢はとても大切です。

もともと私たちの脳みそは、ポジティブなことだけを残して記憶するようにできています。これを心理学では、「記憶の楽観主義」と呼んでいます。

ネガティブなことをいつまでも覚えていると、心理的に苦痛でたまりませんから、私たちの脳みそは、そういう記憶はさっさと忘却させようとするのです。うまくできているものですね。

「記憶の楽観主義」

オハイオ・ウェスリアン大学のハリー・バーリックは、大学1年生と2年生に、「あなたの高校時代の数学、科学、歴史、外国語、英語の5つの科目の成績を思い出してください」とお願いしました。また、あとでその記憶が正しかったのか、自宅に戻ったら成績表で確認してくるようにも伝えました。

その結果、成績が「A」の科目では、正しく思い出せた割合は全体の89%、成績が「B」のときには64%、「C」のときには51%、「D」のときには29%、ということがわかりました。

Aをとった科目はきちんと覚えているのに、成績が悪くなればなるほど、記憶があやふやになっていることがわかりますね。

私たちの記憶は、自分にとって気分がよくなるようなものだけを残して、それ以外のものは忘却されるようになっているのです。不愉快なことをいつまでも覚えているのは、苦痛以外の何物でもありませんから、これはごく自然な脳みそのメカニズムだといえるでしょう。

ところが、自信のない人は、イヤなことをいつまでも覚えています。

何度も、何度もそれを思い出し、そのたびに自信を失っていくのです。

つまり、人間にとっては、ものすごく不自然なことをやっているわけですから、そういうことをやめるようにしなければなりません。

＊

そのためには、「記憶の手がかり」になるようなものは、どんどん処分するといいでしょう。

中学、高校時代におバカさんだった人は、成績表をビリビリに破って捨てましょう。小さなころにぽっちゃり体型だったことがトラウマになっているのなら、子どものころの自分の写真はすべて焼き捨てましょう。思いだす手がかりがなくなれば、記憶も自然に薄れていきますから。

別れた恋人にもらったプレゼントなどを、いつまでもとっておくから失恋の痛みが消えないのです。プレゼントや一緒に撮った写真や画像のデータは、すべて消去してしまいましょう。そのほうが気分もさっぱりしますし、そういうものを目にしないようにすれば、気分が落ち込みませんから。

4

「私はダメだ」なんて、ひとくくりに考えない

自分の欠点はいくつもあげられるものですね。

自分の性格やら、運動能力、顔だちから、仕事ぶりについてまで。きっと細かいところまで思いついてしまうかもしれません。

それでも、「全体としてはＯＫ！」と考えるようにしてください。全体としてＯＫだと考えれば、自信を持つことができるからです。


「たまに怒りっぽくなることはあるけど、全体として自分の性格はＯＫ！」

「たまに雑に仕事をしてしまうこともあるけど、全体として自分の仕事能力はＯＫ！」

「そんなに友人が多いわけではないけど、全体として自分の人間関係は十分にＯＫ！」

こんな感じで、「全体としてはＯＫ！」と考えるようにするのがポイントです。

もし自分で、自分のことを責めたくなってしまったとしても、必ず最後には、「でも、やっぱり全体としてはＯＫ！」という終わり方をしてください。

つい不用意な発言をして、だれかの気分を害してしまったときにも、「私は本当にダメな人だ……」と責めるだけでなく、最後には、「でも全体としてはOK」と終えられるといいでしょう。

けっして「全部が悪い」わけではない

オランダにあるネイメーヘン大学のニコ・ファン・イーペレンは、プロのサッカー選手88名（何人かはオランダ代表選手）に、「あなたのヘディング能力は、他の選手に比べて高いと思いますか、それとも低いと思いますか？」と尋ねる一方で、「全体としてのあなたのサッカー能力は、他の選手より高いですか、低いですか？」と尋ねました。

その結果、ヘディングという個別の能力については「他の人に比べると自分は下」と考える人が32・1%もいたのに、全体としてのサッカー能力については、9・4%しか「自分は下」と考えないことがわかりました。

「細かい個別のテクニックについては、他の選手に劣ることがあるかもしれないけれども、それでもやっぱり全体としては自分のサッカー能力は高いと思う」というような思考を、プロの選手はとっていたのですね。こういう思考によって、自信を高く維持することができるのでしょう。

＊

自信がない人は、ほんの少しでも自分に悪いところがあると、全部が悪い、という思考をとりがちです。

たとえば、数学の成績だけが悪く、その他の科目は、物理も科学も英語も国語も歴史も非常にいい成績だったとしましょう。ごく普通に考えれば、十分に優秀なわけなのですが、自信のない人は、数学の成績だけに目を奪われ、「私はダメだ」というレッテルを自分に貼りつけるのです。こういう思考をしているから、いつまでも自信が持てないのですね。

自信がある人は、逆です。少しくらい悪いところがあっても、「全体としてはOK」という思考をとるので、自信を失わずにいられるのです。

5

たしかに
事実は変えられない。
それでも、
できることがある

事実というものは変えられませんが、その事実をどのように受けとめるか、どのように解釈するのかはいくらでも変えられます。ですから、どんな物事や事実も、自分に都合のいいように、ポジティブに解釈するクセをつけましょう。モノの見方というものは、自分に都合よくゆがんでいるくらいでちょうどいいのです。

ポジティブに、ゆがめて解釈

カナダにあるマニトバ大学のジェシカ・キャメロンは、79名の大学生に、自尊心テストを受けてもらい、平均値よりも高かった人を自信の高い人とし、平均値より低かった人を自信のない人としました。

それから、魅力的な異性の相手（じつはサクラ）とリモートでやりとりをしてもらいました。サクラは、条件によって、とてもやさしく振る舞うこともあれば、冷たく振る舞うこともありました。

やさしく振る舞うときには、まっすぐカメラを見つめ、表情豊かに笑顔を見せ、積極的に自分のことを話す一方、冷たく振る舞うときには、そっぽを向き、無表情で笑わず、しかも会話にも乗り気でなく、自分のことを話しませんでした。

やりとりがすんだところで相手に対する印象を評価してもらうと、、サクラがやさしく振る舞うときには、自信の高い人も、低い人も同じようにサクラをポジティブに評価しました。やさしくされたのですから、まあ、当然ですよね。

面白いのは、サクラが冷たく振る舞ったとき。

なんと、自信のある人は、サクラが冷たく振る舞ったときでさえ、「相手は私に好意を抱いたと思う」「リモートでなく、対面でもう一度私に会いたいと思っている」「やりとりには満足したはず」と評価したのです。

なんとも自分に都合のいい評価ですが、自信のある人は、たとえネガティブな事実があっても、それをポジティブに解釈する名人だといえるでしょう。

起きてしまったこと、すなわち「事実」は変えられません。

しかし、その事実をどのように受けとめるのかは、自由にやってかまわないのです。どうせなら、自分が気持ちよくなれるように解釈しましょう。

＊

人からは「相手の気持ちがわからないヤツ」「空気が読めないヤツ」と思われてしまう危険性がないわけではないのですが、それによって自分がハッピーな気持ちでいられるのなら、それでいいではありませんか。毎日、苦しいと感じながら生活するよりは、多少、モノの見方がポジティブにゆがんでいるくらいのほうが、ラクに生きていけるのではないかと思います。

みなさんも、おそらく自信がある人を見て、「どうしてこの人は、いつでもこんなに堂々としていられるのだろう？」と疑問に思ったことがあるかもしれません。でもそれは、その人が、どんな物事も自分に都合よく解釈しているからなのです。だから、そういう人は堂々としていられるのですよ。

6

目の前のことを
もっと都合よく
とらえよう

アメリカのトランプ前大統領は、マスメディアからさんざん批評やら悪口を書かれていましたが、本人はまったく気にしていない様子でした。自分に都合のいいニュースは信じて、気に入らないものは「フェイクニュース」だと切り捨てていたからです。こういうメンタリティは、ぜひ私たちも見習いたいものですね。

おそらくトランプ氏は、すべての物事をポジティブな方向に受けとめるクセがあるのでしょう。自信のある人は、たいていこういう思考パターンをとっていることが、心理学の実験でも明らかになっているからです。

同じ絵を見ても、抱く印象はぜんぜん違う

ノース・ジョージア大学のステファン・スミスは、55名の大学生に自信を測定するテストを受けてもらってから、「主題統覚検査」（TAT）という心理テストから抜き出した、ものすごく曖昧な図版を見せて、それを見ながら、好きなようにストーリーを考えてもらいました。

図版には、小さな部屋の窓から外を見つめる男性の絵が描かれているのですが、この絵から思いつくストーリーを、5分間、自由に書いてもらったのです。

参加者各自が書いたストーリーは、別の判定者が見て、「どれくらい内容がポジティブだと思うか」という基準で採点しました。点数は5点満点です。

すると、最初のテストで自信が高いとされた人の平均値は、3・77。それに対して自信のない人の平均値は3・19となりました。自信の高い人は、同じ絵を見ても、そこからポジティブな方向にストーリーを考えだすのに、自信のない人は、ネガティブな方向にストーリーを考えてしまうことが明らかにされたといえるでしょう。

「窓から外を見つめる男性」の絵を見て、自信のある人は、「来週、結婚式を控えて飛び上がりたいほどうれしい」とか、「昇進が決まって期待に胸おどらせている」といった物語をイメージするのですが、自信のない人は、同じ絵に対して、「ガンが見つかり、悲観している」とか、「恋人に逃げられ、自暴自棄になっている」といった物語を連想してしまうのです。

最初のスタートになる図版は同じなのに、そこからどんなふうに物語が展開していくのかは、その人の持つ自信によって、まったく違うものになってしまうのですね。

＊

自信のある人は、自分では気がついていないのかもしれませんが、ポジティブな方向にゆがめて解釈するクセがあります。

ですから、もし自信をつけたいと思うなら、物事はいつでもポジティブな方向に（自分の都合のいいように）ゆがめて解釈するよう努力しつづけることが大切です。

とはいえ、自信がない人には、そういう訓練はなかなか難しいかもしれません。それでもあきらめずに根気よくやりつづけることが大切です。

ネガティブな考えが思い浮かぶたび、「できるだけポジティブな方向に考えよう」と自分に言い聞かせながらトレーニングしてみましょう。

7

楽しい思い出を、何度も思いだすテクニック

悲観的な人や、抑うつ的なタイプの人は、いつでもネガティブな心理状態にあるものです。

ただし、彼らがネガティブな心理状態に置かれているのは、自業自得という面があります。というのも、彼らは、自分にとってイヤなことを、何度も、何度も、くり返し頭の中で思い出しているからです。

つらい思い出は、そのままそっと放っておけばいいのに、何度も思いだすので、そのたびにつらい気持ちがよみがえってきて、それがネガティブな心理をさらに長引かせてしまうのです。

小さな子が自然とおこなう「サバリング」

米国テンプル大学のローレン・アロイは、うつの人は、ネガティブな思い出のほうを、ポジティブな思い出よりもたくさん覚えていることを明らかにしています。彼らの頭の中には、後悔や悔悟などの思い出がたくさんつまっていて、それが彼らを苦しめているのでしょう。

では、どうすればいいのかというと、逆のことをやればいいのです。

つまり、楽しい思い出のほうを、何度も、何度も、くり返し思いだすようにすればいいのです。楽しいことを思い出していけば、気持ちが前向きになりますし、しあわせな気分になれますからね。

楽しい思い出をくり返し思いだすテクニックを、心理学では「サバリング」と呼んでいます。「サバー」（ｓａｖｏｒ）とは、もともと「味わう」という意味ですが、楽しい出来事は一回だけ味わってオシマイにしてしまうのはもったいないので、何度でも思い出して、くり返し味わおう、というのがサバリングになります。

米国ロヨラ大学のフレッド・ブライアントは、楽しいことを何度もくり返し味わう人ほど、幸福で、人生満足感が高く、しかも自信がつく、という結果を報告しています。

じつは、小さな子どもは、このサバリングを無自覚にやっています。たとえば、家族でディズニーランドに行くことを、旅行前からあれこれと空想して楽しみ、帰った後にも、何度も思い出して、その余韻にひたって楽しむのです。くり返し楽しむので、子どもは抑うつにもなりにくいですし、楽しく生きていけるのですね。

*

あなたも、ほんのちょっぴりでも楽しいことやうまくいったことがあったら、それを何度も思い出して、よくよく味わってください。

いつでも不機嫌な上司が、たまたまにこやかにしてくれたとか、ほんの少しホメてくれたということがあれば、その場面をくり返し頭の中で思いだすのです。また、仕事がすんなりうまくいったり想定以上の成果が出たりしたら、素直に何度も喜びましょう。

こういうサバリングをやっていれば、毎日、前向きな気分で生きていくことができます。

8

「よそはよそ、ウチはウチ」でもいいんじゃない男性は、あまり男性のモデルやタレントには興味がないと思うのですが、女性はというと、同性の女性モデルや女優に憧れがあるのか、モデルの写真や画像などを比較的よく見ます。そして、魅力的な人を見て、「私も、足が細くなりたい」とか「もっとスリムにならないと!」とダイエットにやる気を出すようです。

ただし、女性のみなさんには申し訳ないのですが、心理学的にいうと、自分よりも魅力的な人について、写真や画像を検索したり、雑誌を見たりするのはあまり好ましくありません。というのも、自分よりも素敵な人を見ていたら、「〇〇ちゃんに比べたら、私なんか……」という、卑屈で、みじめな気持ちになるに決まっているからです。

「魅力的な人」ばかり目につくSNS

オーストラリアにあるフリンダース大学のグレイス・ホーランドは、ソーシャルネットワークサービス(SNS)で、魅力的な人の画像を見ることが多い人ほど、自分自身に対するイメージが悪くなり、摂食障害などになりやすいことを突き止めています。

魅力的な人を見ていたら、自分を好きになれません。

魅力的な人と自分を比べて、自分の醜さを現実以上に大きく感じるのがオチ。

したがって、「自信をつける」という本書の目的からすれば、魅力的な人はあまり見ないようにしたほうがいいのです。

自分よりもかわいい（と自分が思っている）友だちが楽しそうにしている写真などをＳＮＳで見ていたら、知らず知らずに気分がへこみます。嫉妬するくらいならまだしも、恨みを感じることさえあるかもしれませんよ。そういう恨みをしょっちゅう感じていたら、自分の性格もどんどん悪くなってしまうと思いませんか。ですから、ＳＮＳなど、そもそもやらないほうがいいくらいなのです。

大事なのは、積極的に「自信をつける」ことより、いかに「自信をなくすようなことをしないか」です。ぜひそのことを考えましょう。

魅力的な人を見ていたら、たいていの人は「自信をなくす」のが当たり前なのですから、そういう比較をしないですむよう、自分の目に入ってくる情報をシャットアウトするのがかしこい方法だといえます。

＊

もちろん、SNSをそっくりやめてしまうのも難しいと思うので、まずは他の人について調べまくるのをちょっとだけ控えてみるのはどうでしょうか。他の人が新しい画像をアップするたびに、いちいちコメントをしなくともいいでしょうし、少し距離を置くというか、適当にやるのが一番です。

昔の家庭では、「よそはよそ、ウチはウチ」という言葉がよく聞かれました。他のお友だちがおもちゃを買ってもらっていても、自分と比べたりするな、というありがたい教えなのですが、この教えは現代の私たちにとっても必要なものだといえます。人と比べても、ロクなことがありません。よそはよそ、ウチはウチ、でいいのです。

9

自分より
すぐれた人は、
みんな天才？

オハイオ大学のマーク・アリックは、自尊心を守る方法として、自分よりも少しでもすぐれた人のことは「天才」だと思い込めばいい、というユニークなアドバイスをしています。

相手が天才なのであれば、自分が負けたり、劣ったりしていても、ちっとも気になりません。かりに自分が負けたところで、相手が天才なら、ごくごく自然に受け入れられます。そのため、自尊心も傷つかずにすませられますよ、とアリックは指摘しています。

たとえば、ある試験で自分の得点が60点だったとしましょうか。親しい友人は70点だったとします。

こんなとき、友人と自分を比べると、自分の知性に自信をなくしてしまうので、そうしないためには、友人のことを「お前は天才だ！」と考えればいいのです。相手が天才なら、自分が負けるのももっともな話ですし、むしろ「天才とわずか10点しか得点が違わないのだから、私だって相当にすごい！」と胸を張ることさえできるかもしれません。

友人の美貌はクレオパトラに並ぶ？

外見の魅力についても、この考え方は応用できます。

自分の親友が、自分よりもかわいいと思われるときには、「私の親友の美貌は、クレオパトラに並ぶ！」というように考えるのです。

そう考えれば、「親友のかわいさには（彼女はクレオパトラだから）とうてい及ばないけれども、私だってそんなに捨てたものでもない」と思うことができるでしょうし、自尊心も傷つかずにすみます。

仕事でもそうですね。もし自分よりも仕事ができる部下や後輩がいるのだとしたら、嫉妬するのではなくて、「こいつはバケモノだ！」と考えればいいのです。そう考えれば、自分のほうが、仕事ができなくとも自尊心は傷つきません。バケモノに負けるのは当たり前ですから。

自信がある人は、だいたいこのような思考を自然にやっています。

だから、もし自分が他の人に劣ることがあっても、ちっとも気にせずにすませられるのです。

〝はるかな高みにいる人〟に劣っていたとしても、それは当たり前のことだと自然に受け入れることができるのですね。

*

この方法には、おまけの効果もあります。

「あなたは天才だ！」「あなたは世界一かわいい！」と比べる相手に言ってあげれば、相手はものすごくうれしく感じるでしょうし、その人との関係がとても円満になる、という効果です。

自分がしあわせになれるだけでなく、相手のことまでしあわせにできるのですから、「あなたは天才！」テクニックは、ぜひ読者のみなさんにも使ってほしいと思います。

10

昔の自分に比べれば、
今の自分は
ずっといいはず

人間は、どうしても他の人と自分のことを比べたがるものです。でも、どうせ比べるのなら、「昔の自分」にするといいですよ。

そうアドバイスしているのが、カナダにあるウォータールー大学のアン・ウィルソンです。

なぜ、昔の自分と比べるのはOKなのでしょうか。

ウィルソンによれば、たいていの人は、「昔の自分」と比べれば、「今の自分」のほうが絶対によくなっているからだそうです。

どんなに仕事ができない人でも、それでも社会人1年目のときの自分に比べれば、それなりに能力も上がっているでしょうし、仕事も手早く片づけられるようになっているでしょう。

経験年数が増えたのに、昔の自分よりも、仕事の能力が落ちてしまった、という人はまずいません。そんな話は聞いたこともありません。

ですから、昔の自分と比べるのなら、だれでも成長を実感でき、「いやあ、私もずいぶんと成長したものだ」という気持ちになれ、自信を持つことができるようになるのだ、とウィルソンは指摘しています。

他人と比べないように気をつける

シャイな人は、他人と比べるから、シャイな自分がイヤになるのです。

「小さなころには、とてもシャイだったけど、社会人になって営業でもまれているうちに、ずいぶん私も社交的になってきたな」というように、昔の自分と比べれば、自信もつくだろうと思われます。

外見的な魅力についてもそうですね。

たいていの人は、中高生の成長期に、ホルモンバランスが崩れて、顔にたくさんニキビができたりします。思春期にはたくさん食べてしまうので、ぽっちゃりだった人もいるでしょう。

したがって、比べるのなら、そのころの自分と比べるのがいいですね。中高生のころの自分と比べれば、「今の自分は、とても肌がキレイ」とうれしい気持ちになりますし、自信を持つきっかけになりますから。

＊

だれにでも、人生の黒歴史のような時代があると思うのですが、ぜひそういうときの自分と比べてみてください。

どうですか、今の自分は、月とすっぽんといえるくらい魅力的になった、と感じませんか。

他人と比べると、嫉妬や羨望といった醜い心が生まれてしまうものですが、昔の自分と比べると、自信や活力が生まれます。

どちらと比べたほうがいいかは、論ずるまでもありませんよね。

11

不愉快な思い出は、記憶のかなたに

不愉快な思い出は、できるだけ時間的に遠くに追いやるのがポイントです。時間的に遠くに追いやってしまえば、心理的に傷つかずにすみます。はるか昔のことなら、「そんなこともあったなあ」と気軽に受け入れることができるからです。

自尊心を傷つけない

カナダにあるウィルフリッド・ローリエ大学のヨハンナ・ピーツは、ドイツ人の大学生とカナダ人の大学生に、「ドイツがおこなったホロコーストは、どれくらい昔のことだと感じますか?」と聞いてみました。

ドイツ人にとっては、自国民がおこなったホロコーストはとても恥ずべき行為。それを思いだすたびに自尊心が傷つきます。

そのためでしょうか、ドイツ人は、過去におこなったホロコーストをはるか昔だと考えることで、自尊心が傷つかないようにしていることがわかりました(グラフ参照)。

都合の悪いことは記憶のかなたに

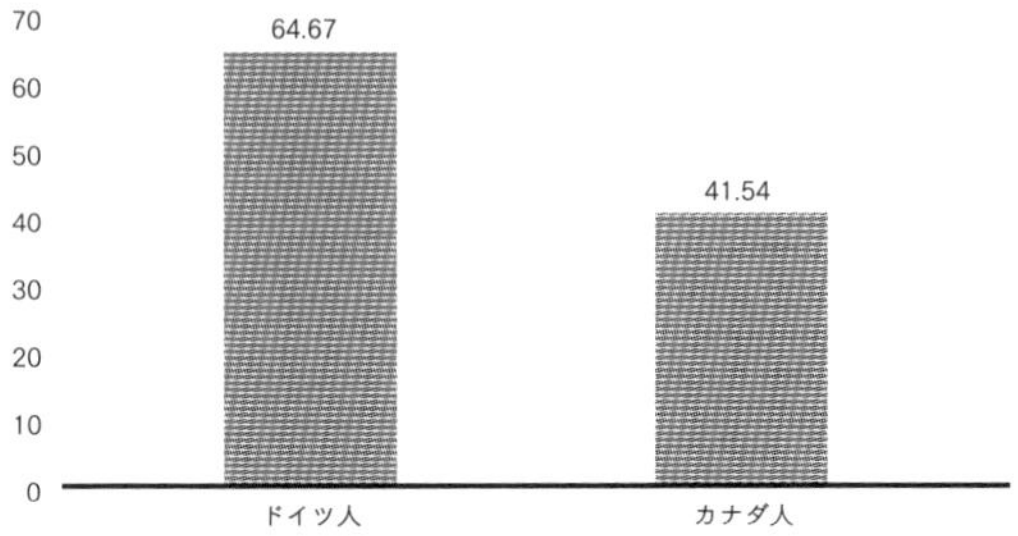

数値は、「とても最近」だと感じるなら0点、「とても昔」なら100点
（出典：Peetz, J., et al., 2010より）

同じような傾向を示す研究は、英国カーディフ大学のヨッヘン・ゲバウアーもおこなっています。ゲバウアーは、オンラインで募集した95名のボランティアに、まず基本的な性格がハッピーな人か、それとも悲観的かを測定する心理テストを受けてもらいました。

次に、だいたい3年くらい前に起きた事件で、自分が成功したエピソードと失敗したエピソードを簡単に書いてもらい、その事件がどれくらい時間的に近いと感じるか、それとも遠く感じるのかを聞いてみたのです。

その結果、ハッピーな人ほど、成功エピソードを「つい最近」と感じ、失敗エピソードは「とても昔」と感じていることがわかりました。基本的な性格がハッピーな人は、自分にとって都合の悪いことは、記憶のかなたに追いやってしまうようなのです。

＊

イヤな思い出や記憶は、ついつい思いだす頻度も多くなりがちで、なかなか「遠く」に追いやるのが難しいものですね。

それでも「過去のことなんだから」と今の自分からなるべく遠いところに追いやることができれば、気を取り直して、目の前のことに向き合うことができます。

大事なのは「過去のこと」は「過去のこと」として、「今」から追いやってしまう意識を持つこと。そういう意識を持つだけで、少しずつ状況は変わってくるのではないでしょうか。

コラム

1 少しくらいのミスは、気にしない

たったひとつうまくいかなかっただけで、すべてがダメになってしまったと考えてしまうことを、心理学では「過剰な一般化」と呼んでいます。そして、自信がない人は、えてしてこういう思考パターンをしがちであることもわかっています。

たとえば、プレゼンテーションをするとき、ほんの少しのミス、たとえばパワーポイントで作ったスライドの文字がほんの少しだけ見えにくかったとしても、「自分のプレゼンは失敗だ」と結論づけるのです。そんなささいなことなど、たいていの人にはまったく気にならないのに。

風が強く、ほんの少し髪の毛が乱れてしまったとしましょう。それに気づかず、人に会ってしまったとします。こんなことはよくあることで、まったく悔やむ必要もないはずなのですが、自信がない人は、「こんなおかしな髪型で人に会ってしまったのだから、変な印象を持たれてしまったな」と考えるのです。こういう過剰な一般化をするから、どんどん自信がなくなっていくのですね。

オハイオ州立大学のリサ・リビーは、数多くの大学生に、自信を測定するテスト（ローゼンバーグという研究者が作成した自尊感情を測定するテスト）を受けてもらう一方で、どれくらい過剰な一般化をする傾向があるのかも調べました。その結果、自信のない人ほど、過剰な一般化をすることがわかりました。自信のない人にとっては、わずかなことがうまくいかないだけで、すべてがうまくいかないように思われてしまうようなのです。

本書を読んでいるみなさんは、少しくらいミスをしてしまっても、気にしないようにしましょう。というのも、たいていの問題や失敗は、将来的にいくらでも取り返しがきく可能であることがほとんどだからです。そうであるなら、心配しなくともいいのです。

たとえば、初対面で嫌われたからといって、それで自分の人生が終わりのように感じる必要はありません。次に会ったときに、好印象を与えるように頑張ればいいだけの話です。

受験に失敗したら、人生が終わるのでしょうか。いえいえ、翌年に合格すればいいだけの話です。恋愛もそう。かりに大好きな人に告白して断られたとしても、自分のすべてが拒絶されたと考えてはいけません。別の、もっと自分を好きになってくれそうな人に告白すればいいだけです。

「それでも小さなことが気になってしかたがない！」という人は、ぜひ拙著『気にしない習慣　よけいな気疲れが消えていく61のヒント』（明日香出版社）をお読みください。

自分の本を紹介するのは気恥ずかしいのですけれども、小さなことを気にしないためのノウハウがつまった素晴らしい一冊ですので（笑）、参考にしていただければ幸いです。

第 2 章

「ちょっとの行動」を
変えてみる

12

鏡を見すぎると、どんどん自信を失っていく

トイレを出て手洗いをするとき、みなさんは自分の顔を見ていますか？

多くの洗面台には、普通は正面に大きな鏡があるので、どうしても自分の顔を見てしまうものです。でも、なるべく自分の顔は、じっくりと見ないほうがいいでしょう。

じっと見つめていると、毛穴が気になったり、うぶ毛が気になったり、シミやそばかすが気になったりして、知らず知らずのうちに「自分は、魅力的ではないのかも？」という不安を感じるようになるからです。

鏡は、身づくろいをするときにはとても便利な道具ですが、「自信を失わせることもある」という点では、危険な道具でもあるのです。

鏡を見る頻度と自信の関係

実際、「鏡を見る頻度を減らす」ことが、自信を高めることを示した研究もあります。ウソのように思われるかもしれませんが、本当にそういう研究があるのですよ。

フロリダ州立大学のナタリー・ウィルバーは、84名の女子大学生に実験に参加してもらい、約半分の41名の女性には、2週間、「なるべく鏡を見ないこと」という指示を出しました。

鏡を見て身づくろいをする頻度を減らしてもらい、街中を歩いているときも、ウィンドウに映る自分の姿を見ないように気をつけさせたのです。ウィルバーは、念を入れて、実験期間中の夜には、「できるだけ鏡を見ることを減らして」というリマインドのメールも送りました。

残りの43名の女性はコントロール条件（比較のための条件）だったので、そういう面倒なことは一切指示されず、今まで通りに2週間生活してもらいました。

では、2週間後、どのような変化が起きたでしょうか。

なんと、鏡を見ることを減らした条件では、コントロール条件に比べて、外見を気にしすぎなくなり、人間関係における不安感が減り、自分の身体に関する不満も減ることがわかりました。

しょっちゅう鏡を見ているから、私たちは外見が気になってきて、それが自信を喪失させるのです。そのため、鏡を見る頻度を減らすようにすれば、外見も気にならなくなり、自信も失われずにすむのです。

*

とりわけ女性は、他の化粧品と一緒にコンパクト手鏡をバッグに入れて持ち歩いていて、ひんぱんに自分の顔のチェックをするものですが、あまり気にしすぎるのは考えものです。ちょっとだけ控えることをおすすめします。

手洗い場には大きな鏡が置かれていることが多いので、なかなか鏡を見ないというわけにはいきませんが、それでも自分の顔をサッと一瞬だけ確認するくらいにしておきましょう。

そうそう、お風呂に入るとき、お風呂で、あるいは脱衣所の鏡で、自分の裸の姿を映して見るのもやめたほうがいいですよ。たいていの人は、お腹がでっぷりと出ている醜い自分の姿にガッカリするだけですから。そういう私も、なるべく鏡は見ないようにしています。本当に落ち込みますからね。

13

悩みがあっても打ち明けない

悲しい出来事があったとき、仕事に悩みを抱えているときには、無性にだれかに話を聞いてもらいたくなるものです。悩みを打ち明けさえすれば、心の中のわだかまりが少しでも軽くなると思うからでしょう。

しかし残念ながら、それは錯覚です。

自信のない人は、むしろ悩みなど打ち明けないほうがいいかもしれません。

カナダにあるマニトバ大学のジェシカ・キャメロンは、試験に失敗したことを自分の恋人に語ると、自信のある人は、打ち明け話によってスッキリするものの、自信のない人はかえってネガティブな感情が高まってしまった、という報告をしています。

イヤなことの追体験

打ち明け話とは、そもそもどういうものかを考えてみましょう。

他人に悩みを相談するということは、その悲しみや苦しみを、もう一度、自分で追体験することに他なりません。

ようするに、同じ苦しみを味わわなければならないのです。

自信のある人には耐えられても、自信のない人には、ただ苦しさが長引くだけ。ですから、自信のない人は、悲しいことがあっても、そのまま放っておくのが正解になるのです。


キャメロンの研究では、自信のある人にとってはお悩み相談は効果的だったわけですが、自信の高低にかかわらず、相談などはしないほうがいいのかもしれない、ということを示す研究もあります。

ニューヨーク州立大学のマーク・シーリーは、２００１年9月11日にアメリカで起きた大規模テロ事件の直後から、２１３８名の人を対象に2年間の追跡調査をしてみました。何を調べたのかというと、「テロによって引き起こされた心の傷を他人に語るかどうか」です。

その結果、大方の予想に反して、自分の抱えているトラウマなどを他人に語ったりしない人のほうが、２年間の時間経過の中で、トラウマの影響を受けなくなっていたのです。

＊

中途半端に、他の人に相談などをしようとすると、かえって苦しみが尾を引く、ということを覚えておかなければなりません。

では、どうすればいいのかというと、簡単な話で、人に話すのをやめて、思い出さないようにすればいいのですよ。放ったらかしにしておけば、そのうち自然に忘れ去ることができますから、それを待つのです。

他の人に悩みを打ち明けようとすると、そのたびに記憶が更新され、なかなか忘却できなくなります。ですから、何も考えずに放っておくのがいいというわけです。

苦しいからといって、安易に他人に頼ろうとすると、よけいに苦しさが増してしまうのですから、要注意ですね。

14

なにげなく使う言葉づかいが、気分を大きく変える

日本には、言霊《ことだま》思想というものがあります。

受験生は「落ちる」とか「滑る」という言葉をなるべく使わないように注意します。そういう言葉を使っていると、本当に受験に落ちてしまうと思うからでしょう。こういうのを忌《い》み言葉とも呼びます。

船乗りは、「帰る」という言葉を使わないという話を聞いたことがあります。「帰る」が「船が転覆する」を意味することになるので、縁起が悪いからでしょうね。

じつは、こういう心がけ自体は、間違っていません。

ふだん、どんな言葉を使うかによって、私たちの心理状態も大きな影響を受けてしまうからです。

心理状態と言葉づかいの関係

テキサス大学のステファニー・ルードは、現在うつ病の31名、かつてうつ病だった26名、人生で一度もうつ病になったことのない67名に、20分間、簡

心理状態と言葉づかいの関係

	現在うつ病	かつてうつ病	うつ病に なったことがない
ネガティブな単語の数	2.92	1.70	1.63
ポジティブな単語の数	2.64	3.49	3.12

（出典：Rude, S. S., 2004 より）

単なエッセイを書いてもらい、各自のエッセイで使っている単語を分析してみました。その結果は上の通りになりました。

現在うつ病の人は、ひんぱんにネガティブな単語を使っていることがわかりますね。

「疲れた」「死にたい」「将来が不安」「うんざり」「陰気」「どんより」といったネガティブな単語をしょっちゅう使っていると、本当に気分もそんなふうになってしまいますので気をつけなければなりません。

ではどうしたらいいのでしょうか。

＊

自信をつけたいのなら、もっと明るい言葉を使いましょう。

「キラキラ」「夢いっぱい」「希望」「明るい」「晴れやか」「ウキウキ」……。ふだんからこういう言葉を使って会話をするようにするといいですよ。

SNSでつぶやくときにも、できるだけ明るい単語を使うといいですね。

そうすると、私たちの心も、ポジティブな方向に変わってくれますから。

かりに仕事で疲れたとしても、「この疲れが心地よい」というように、必ずポジティブな単語で締めくくることが大切です。仕事がうまくいかなくとも、「いやあ、いい勉強をさせてもらった！」と、ウソでもいいので明るく公言するようにしたほうが、自信もついてくるはずです。

15

ダイエットが自信をはぐくむ特効薬

本書は、「自信をつける習慣」をテーマにした本なので、「なぜ突然ダイエットの話なのだ！」と思った読者がいらっしゃるかもしれません。けれども、私たちの自信というものは、体重とも密接にかかわっていることを知れば、「なるほど、そういう理由か」と納得いただけるのではないかと思います。

じつは、「自分の身体にどれだけ誇りを感じられるか」が、私たちの自信の土台に大きな影響を及ぼしていることがわかっています。

たとえば、太っているせいで自分の身体に自信が持てないのなら、その他のことについても自信を持てるようになるわけがありません。そういうわけで、「最近、ちょっと太っちゃったんだよな……」という自覚があるのなら、いい機会ですので、ぜひダイエットをすべきなのです。

体重と心理の深い関係

体重と、自信との関係を調べた研究はたくさんあります。米国バーモント大学のキャロル・ミラーは、両者の関係性を調べた研究を71個集めました。すべて専門雑誌に載せられているので、信頼性の高い研究ばかりです。

その71の研究を総合的に分析すると、「体重が増えるほど、自尊心は低くなる」という明確な傾向が見られました。体重と自尊心（自信）には、反比例の関係があって、体重が増えるほど、自信が失われていくのです。

だいたい、中高年になってくると、一時的に、不安になったり、自信を失ったりする人が増えます。いわゆる「中年の危機」（ミッドライフ・クライシス）というやつですね。

では、どうしてその時期なのかというと、たいていの人は、その時期になると若いころからの暴飲暴食がたたるのか、身体の代謝が落ちるからか、ともかく肥満になる傾向があるからです。その証拠に、若いころから体重があまり変わらない人は、自信も失わずにすむからか、中年の危機も起きません。

＊

「最近、なんだかすぐに気落ちしてしまう」とか「ささいなことで自信がゆらいでしまう」という自覚があるのなら、ダイエットはおすすめですよ。

もっとも、これまで好きなだけ食事をしていた人にとっては、ダイエットは苦しいかもしれません。好きなものを好きなだけ食べられないのは、とても苦しいものです。

けれども、そういう苦しさを乗り越えたということで、「自分は、やろうと思えばできるんだ！」という自信も生まれます。困難なことを成し遂げることは自信の土台になるわけですが、ダイエットを成功させることでも同じ効果が期待できるのです。

ダイエットには、他にも副次的な効果があります。

ダイエットをし、ムダなぜい肉をそぎ落とすと、身体が軽くなるだけでなく、心も軽くなるのです。出社するとき、ただ歩いているだけで息が切れていたのに、息が切れなくなるだけでも気持ちがいいものです。

だまされたと思ってまずは軽くダイエットしてみてください。びっくりするくらい自信が持てるようになりますよ。

16

さあ、20分の ウォーキングを 始めよう

「健全な精神は、健全な肉体に宿る」という、古代ローマの詩人・ユウェナリスの名言があります。あまりにも有名なので、たぶん読者のみなさんもご存じですよね。

「健全な精神」とは、いってみれば「自信」。「健全な肉体」とは、筋骨隆々のたくましい身体。つまり、この名言は、「自信を持ちたいなら、バンバン筋トレをして、自分の身体を鍛え上げるといいですよ」という意味にも解釈できるのです。かなり強引ですが。

身体を鍛えると、どうなるでしょうか。

当然、自分の身体に自信を持つことができますよね。ぶよぶよで、みっともない身体をしていたら自信など持てませんが、たくましい身体をしていれば、他の人にも自分の身体を見せたくなりますよね（もちろん裸を見せたりしてはいけませんよ）。

したがって、心理学的にいうと、筋トレをすることは、自信をつけるための非常にてっとり早い方法だともいえるわけです。

軽いウォーキングで素晴らしい効果

ノース・イースト・ルイジアナ大学のリンダ・パルマーは、29歳から50歳の女性ボランティアを募り、ある実験をしてみました。彼女たちは、運動習慣がまったくないという基準で集められたのですが、2つのグループにわけて、運動グループにだけ、2週間、毎日20分のウォーキングをしてもらったのです。運動しないグループは、それまで通りの生活を送ってもらいました。

では、2週間でどのような変化が見られたでしょうか。

なんと、わずか20分の、しかもウォーキングという、比較的軽い運動だったにもかかわらず、2週間が経過するころには、「自分が大切な存在であるということが認識できるようになった」「自分なら、何でも『できる』という有能さを感じられるようになった」「自分に誇りを持てるようになった」「自分を好きになれた」という変化が見られたのです。

さらに、運動したグループでは、血圧も下がり、うつも治り（または軽減）、悲観的な人から楽観的な人に変化することもわかりました。いやあ、運動するというのは、いろいろと素晴らしい効果をもたらしてくれるのですね。

軽いウォーキングでさえ、これだけの効果をあげられるのですから、激しい筋トレをしたら、おそらくはもっと自信もついたかもしれません。

*

運動のいいところは、〝変化〟を実感できることにあります。

筋トレをしていれば、筋肉がついてきたことが自分でも実感できます。「おお〜、こんなに筋肉がついた!」と自分でも確認できるので、それが自信を高めてくれます。

自信をつけるために座禅や瞑想といったメンタルな方法もないわけではないですが、それだとなかなか目に見える〝変化〟が実感できないので、「本当に、自分は変われているのかな?」と思ってしまうところがあります。でも、筋トレにはそれがありませんから、ぜひおすすめしたい方法なのです。

17

ときには、お酒の力を借りてみる

飲みすぎはいけませんが、ほどほどにお酒をたしなむのはいいことです。「晩酌の習慣がない」という人は、せめて一日の終わりには、ねぎらいの意味も込めて、ほんの少しだけお酒を飲むようにしたほうがいいかもしれません。特に、自信のない人には、そうすることがおすすめです。

なぜ、お酒を飲むのはいいのでしょうか。

その理由は、酔っぱらえば、だれでも理性のタガが外れてくれるので、「今日はよく頑張った！」「自分はなかなかイケてたぞ」といった、素敵な勘違いをすることができるからです（笑）。

この効果は、酔っぱらっている状態のときにしかつづきませんが、ほんのひとときでも、自分の魅力がアップするように感じることは、けっして悪いことではありません。

酔っぱらうことの効果は、シンデレラの魔法が夜の12時になると消えてしまうように、酔いがさめてしまうとそこで終了になるわけですが、一時的にでも至福の時間にひたれるというのは素晴らしいことです。

自分はいかした人間だ？

フランスにあるグルノーブル大学のローレント・ベーグは、バーにやってきた19名のお客に、自分がどれくらい魅力的で、聡明で、個性的で、楽しい人間だと思うかを聞いてみました。

その一方で、アルコール検知器で血中アルコール濃度も測定させてもらいました。

すると、予想通り、血中アルコール濃度が高い人ほど、つまりは酔っぱらっているほど、「自分はいかした人間だ」と自信を持って答えることが判明したのです。

お酒に酔っぱらうと、異性がものすごく魅力的に見えてきてしまうことは、お酒が好きな人なら、経験的にわかっていることでしょう。

これを心理学では、「ビア・ゴーグル効果」と呼んでいます。

「ビア」は「ビール」のことで、「ゴーグル」は「メガネ」のことです。ビールを飲むと、魔法のメガネ（ゴーグル）をかけたときのように、異性が全員魅力的に見えるようになる、というのがこの効果なのですが、ビア・ゴーグル効果は、なんと自分自身にも適用されるのですね。

＊

酔っぱらえば、自己評価がグンとアップします。ふだん、自分に自信が持てない人でも、酔っぱらっているときには、自分は魅力的で、頭がよくて、だれからも好かれる、と思い込むことができるのです。

酔いがさめてしまったら、元も子もないと思われるかもしれませんが、酔っぱらったときにでも自信が持てるようになると、たとえ酔いがさめても、酔っぱらっているときに自分がどんなふうに考えていたのかを思いだすことで、やはり自信を持てるようになるのではないかと思います。

最初は、ちょっぴりお酒の力を借りても、そのうち酔っていないときにも自分に自信が持てるように訓練してみるといいですね。

18

心配事のほとんどは起こらない

少々のことは、「まあ、いいか」と軽く受け流せるようになるのが一番ですね。小さなことに神経質にならず、敏感に反応しないようになれば、気疲れもだいぶ減るというものです。

かなりの数の「誤報」が発生している

集中治療室の患者には、自動警報装置がついています。当然患者さんの病状は相当に悪いので、わずかな異変でも感知して看護師に教えてくれるようになっているのですね。

ところが、この自動警報装置がくせ者だと、米国ミネアポリスにあるアボット・ノースウェスタン病院のスー・センデルバックは指摘しています。なんと警報の72%から99%が誤報だというのです。

血圧の急激な上昇や、心拍の乱れは、命にかかわることも当然あります。しかし、むしろ自然なゆらぎであることのほうが圧倒的に多いのです。

ところが、集中治療室の担当看護師は、念のために病態を確認しに行かなければならないので、疲労困ぱい。

これを「アラーム疲労」と呼ぶそうです。

ささいなことで、いちいち過敏に反応してしまうのは、この集中治療室の自動警報装置と同じです。

いつでも「すわ、一大事！」と反応していたら、だれでも疲れ切ってしまうのは当然だといえるでしょう。

＊

自信のある人は、いちいち細かいことで慌てません。

どっしりと構えて、動かないものです。

「まあ、そんなこともあるか」と小さなことは受け流すようなメンタリティを持たなければなりません。これは「鈍感力」とも言い換えられるかもしれません。

不安に思うことがあっても、実際には、そんなにひどいことが起きることは、まずありません。

心配している物事の8割から9割は、実際には起きないものです。ですから、ささいなことで過敏に反応する必要はないのです。

実際、心配事がほとんど起きないことは、自分でデータをとってみれば実感できます。

悩んでいることや、心配なことがあったら、それをノートや手帳にちょっと書いて記録として残しておくのです。それからしばらくして、心配していることが実際に起きたかどうかを確認してください。そうすれば、「なんだ、結局、何も起こらなかったじゃないか」ということはご自身で実感できるはずです。

こういう確認作業を何度かやってみれば、心配しすぎることがバカバカしいということがわかり、小さなことは受け流せるようになるものです。

19

威張った人のように「パワーポーズ」を活用しよう

私たちの心は、自分がどんな姿勢をとっているかによって影響を受けます。

背中を丸めて、うつむいていると、自信家の人だってどんどん自信がなくなっていきますし、逆に胸を張って、アゴを少し上げぎみにすると、どんどん自信が出てきます。

本当にそんな単純なことで？　と疑問に思う方も多いかもしれませんね。

背筋を伸ばす効用

ドイツにあるトリーア大学のサビン・ステッパーは、これを実験的に検証しています。

ステッパーは、99名の男子大学生を集め、椅子に座ってインチキなテストを受けてもらいました。

ただし、半分の学生がテストを受けるときには、わざと低い机を実験室に置いておいて、自然と背中を曲げて座るように仕向けました。こちらは背中を丸めさせる条件です。

残りの学生がテストを受けるときには、高い机を用意しておきました。この机でテストを受けるときには、背中を伸ばして座らなければなりませんでした。こちらは、背中を伸ばさせる条件です。

テストが終わったところで、自信を測定すると、背中を伸ばさせた条件のほうが、なんと得点が高くなりました。胸を張るようにすると、自然と自信が出てくることが明らかにされたといえます。

＊

自信がない人は、背中を丸めて、姿勢が悪いから、自信が出てこないという可能性があります。ですからこういう人は、ふだんの生活の中でできるだけ背筋を伸ばすように心がけてみてください。ずいぶん心の持ち方も変わってくるはずですから。

背筋を伸ばすだけでなく、威張ったポーズをとってみるのもいいですよ。

ヒーローがやるように、腰に手を当てて胸を張ってみたり、威張ったボスがやるように足をのばしてテーブルの上に乗せてみたりするのです。

　カリフォルニア大学のダナ・カーニーは、そういう威張ったポーズをとらせると、本当に自信が出てくることを確認しています。カーニーは、威張ったポーズのことを「パワーポーズ」と名づけています。

　カーニーによると、パワーポーズをとっていると、自然とテストステロン値も上昇してきたそうです。テストステロンというのは男性ホルモンのことで、この数値が上がったということは、やる気や活力や多幸感が全身にみなぎってきたということです。

　自信のない人は、ご自宅で時間を見つけては、ちょこちょことパワーポーズをとってみてください。ずいぶん自信がつくはずです。

20

背が高く見えると、不思議なほど自信も高まる

ふだんから、背筋を伸ばして生活するようにすると、自信がついてくるというお話をしました。

背筋をピンと伸ばすようにすると、さらにおまけがついてきて、だれでも身長が高く見えるのです。これも自信を高めるうえでは、非常に役に立ちます。

信じられない相関係数

カナダにあるアルバータ大学のユーゲン・レチェルトは、会計士、技術者、ソーシャルワーカー、アナウンサー、弁護士、販売員など、さまざまな業種の人を対象に、「身長」と「自信」の関係を調べてみたのですが、どの業種の人でも、背が高い人ほど自信も高くなる、という明確な傾向が見られました。

しかも、その関係は信じられないくらいに強いものでした。

心理学では、両者の関係性を調べるのに、「相関係数」という統計指標を使います。

相関係数はマイナス1（完全に反比例の関係）から、プラス1（完全に比例の関係）までの数値をとるのですが、身長と体重の相関係数は、なんとプラス0・94だったのです。私は、こんなに高い相関係数を見たことがないくらいです。

つまり、身長が高くなれば、それだけほぼ確実に自信も高くなると断言してよいといえるのです。

とはいえ、身長はだいたい遺伝で決まってしまうので、もともと背が低い人にとっては残念なデータかもしれません。

それでも、背筋をピンと伸ばして生活するようにすれば、だれでも2センチから3センチは、背が高く見えるものです。

「たった2センチか……」と思ってはいけません。

たったそれだけでも、自信を高めるのに役立つと思えばいいのですよ。

それでも不満ならば、底の厚い靴を履くようにしてください。それでさらに背が高く見えます。

*

最近は、デスクワークの人が増えたせいか、猫背の人が多いように感じます。

スマートフォンを見ることが増えたことも合わせて、かなりの人が猫背になっているように思うのは、私だけではないでしょう。

そういう人は、自分でも気づかないうちに自信を失っていきますから、なおさら気をつけなければなりません。仕事中でも、適当に休憩をとり、首を上に向けたり、背筋を伸ばしたりしないと、どんどん猫背になってしまいかねません。

さすがに身長を伸ばすのはちょっと難しいかもしれませんが、背筋を伸ばすことはだれにでもできるはず。ほんの少しでも背が高く見えるよう、それによって自信を高められるよう、ふだんの姿勢にはできるだけ意識したいものです。

21

不安で憂うつで、「これでいいのかな…」というときは

あなたがこれから取りかかろうとしている仕事に、あまり自信がないとしましょう。うまくできるかどうか不安でたまらないとしましょう。

こんなときにやるべきことは、まず手をぎゅっと握りしめることです。ジャンケンでいう「グー」の形をしばらく保ってみるのです。すると、どうでしょう。なんとも不思議なことに、「私なら、絶対にうまくできる！」という自信がどんどんわいてくるはずですよ。

攻撃性や競争意欲を高めるポーズ

先ほど、私たちの心は、どんな姿勢をとるかによって影響を受けますよ、というお話をしましたね。

握りこぶしというのは、「ケンカをする」ときにとる姿勢なので、攻撃性や競争意欲を高める働きをしてくれます。ぎゅっと手を握って、シャドーボクシングのようなものをしていると、だれでも自分が強くなったように感じるものです。

そんな単純なことで、本当なの？　と思われるかもしれませんね。
でも、きちんとした実験的な裏づけが、もちろんあります。

ポルトガルにあるリスボン大学のトーマス・シューベルトは、２つの作業を同時にできるのかを調べるという名目で人を集め、ある作業をしてもらいながら、利き手でないほうの手ではジャンケンのグーか（実験条件）、ジャンケンのチョキ（コントロール条件）を作らせてみました。
作業が終わったところで、自分についての評価を求めると、ジャンケンのグーを作っていた条件では、チョキを作っていた条件に比べて、積極性と自信が高くなることがわかったのです。

＊

自信がないときには、あまり深刻に考えず、とりあえずぎゅっと手を握りしめてみましょう。

その姿勢を1、2分ほどキープしていると、「なんとなく、うまくできるかも?」という気分が少しずつ心に芽生えてくることが自分でもわかるはずです。十分に自信が出たと感じたら、握りこぶしを解いてください。

だいたい自信がない人は、全身の筋肉がひ弱である傾向があるのですが、握力も弱い傾向があるので、握力を鍛えるのもいいですね。

手をぎゅっと握るだけでも自信はついてくるのですが、せっかくですので、握力を鍛えるためにハンドグリップやパワーボールのような器具を購入するのもいいでしょう。

自宅でテレビを見ているときなど、手でぎゅっぎゅっとハンドグリップを握りしめ、握力を鍛えるトレーニングをしていると、ずいぶん握力がつくはずです。そして、握力がついてくると、他の筋トレと同じように、見違えるくらいに自信もついてくるのですよ。

だまされたと思ってやってみてください。意外とこういう単純なことで、気分は変わってくるから不思議ですね。

22

「私は強い！」
と思えれば、
もううろたえる
ことはない

物騒な世の中です。いつ暴漢に襲われるか、わかったものではありません。そのため、いざとなれば、いつでも自分の身は自分で守ることができるという準備はしておきたいものです。というのも、「ちょっとやそっとのことがあっても、自分の身は自分で守れる」と思えれば、心強いですからね。

ちょっと物議をかもす議論かもしれませんが、私は、日本という国が国際社会でいまいち自信を持てないのは、軍隊を持たないからではないかと思っています。「自分の国は自分たちで守る」という意識がなく（あるいは弱く）、「いざとなれば、アメリカに助けてもらおう」と心の奥底で思っているので、確固とした自信が持てないのではないかと思うのです。

個人もそうで、自分の身は自分で守れる人のほうが、自信を持って過ごすことができるのではないでしょうか。

「自分の身は自分で守れる！」という自信

イリノイ大学のジュリー・ウェイトラフは、か弱い女性たちを集めて、毎週2時間、6週間に渡って、暴漢に襲われそうになったときに、どうやって身を守ればいいのかの護身術を習わせました。

護身術には、言語による抵抗法（大声で叫ぶ、大声で怒鳴る）から、身体的な抵抗法（合気道や空手）が含まれました。

さて、6週間後、自分の身は自分で守れるという自信がつくと、それはもっと全般的な自信へと波及することがわかりました。自分の身は自分で守れるという自信は、その他のこと、たとえば仕事であったり、恋愛であったり、その他もろもろの自信をも高めたのです。

ウェイトラフは、半年後にも追跡調査したのですが、護身術を学んで引き上げられた自信は、ずっと高いまま維持されることもわかりました。

＊

ヒョロヒョロしていて、軽く殴られただけで吹き飛んでしまうような身体をしていたら、それはどんなに意識を変えようとしても、やはり強い心を持つのは難しいのではないでしょうか。

最近では、キックボクシングや空手や格闘技を習う女性もずいぶん増えたということですが、それはいいことです。

おそらくはダイエット目的で習っているのでしょうが、自分の身は自分で守れるようになると、さらに堂々と生きていけるものです。こんなにいいことはありませんね。

私は、それなりに自分に自信を持っている人間なのですが、それは昔、小学校と中学校のときに空手と剣道を習っていたおかげなのかもしれません。空手は、いちおう有段者でもあります。

もし酔っぱらいや暴漢に襲われたら、逆に殴り倒してやると思っているので、そういう気持ちが支えになっているのでしょう。

やさしい性格で、荒っぽいことが好きではないという人でも、もしご自宅の近所に空手の道場などがあれば、試しに通ってみてください。

いざというときに身を守れることは、あなたの気持ちを大きく強化してくれますよ。

23

メーク術を
マスターして、
イケてる自分を
手に入れる

私が大学生のころは、男性でメークをする人はほとんどいませんでした。ところが最近では、男性用化粧品も増えてきて、特に若い男性には化粧をする人もちらほらと見かけるようになりました。

「男なのにメークなんて……」と眉をひそめる人がいるかもしれませんが、自分を魅力的に見せることで「自分はイケてる」という感情を高められるわけですから、メークを学ぶのもけっして悪くはありません。というより、最近では男性でも積極的にメーク術を学ぶべきではないか、とさえ思っています。

そもそも、メークをしてさらにブサイクになる人は、普通はいません。たいていは、今よりもずっと魅力的になるもの。薄くファンデーションとリップを塗るだけでも、ぜんぜん違います。そんな自分を見て、「おお……」と感激する人もいるでしょう。

メークは自信をつける手軽な方法

米国オールド・ドミニオン大学のトーマス・キャッシュは、メークをしている状態、あるいはメークを落としてすっぴんの状態で写真を撮らせてもらい、また、自分の外見的魅力について得点をつけてもらいました。すると、メークありの状態のほうが得点は高くなることが明らかにされました。

とはいえこの結果は、女性にとっては当然の感覚かもしれませんね。

*

慣れてくれば、メークをするのに数分しかかかりません。たった数分間で気分が上がるのなら、ものすごく便利だと思いませんか。

毎日、いや一日に何度も「メーク直し」をするのは面倒くさいというのであれば、いっそのこと美容整形はどうでしょう。

美容整形を受けると、顔だちが半永久的に魅力的な方向に変わりますので（時折、手術に失敗することもあるようですが……）、施術を受ける勇気があれば、ぜひ試してみてもいいかもしれません。

米国にあるマサチューセッツ総合病院（世界でもトップクラスの総合病院です）のシェリー・ディンスキーは、美容整形を受けた人を対象にした調査で、美容整形をした後には、自尊心や自己価値が高まることを突きとめています。

美容整形によって、なりたい自分に変身すると、人は自信を持てるようになるのです。

「美容整形まではちょっと……」という人は、やはりメークをマスターしましょう。マスターするといっても、自分で勉強する必要はありません。

化粧品販売をしている店舗に行けば、たいてい専門の担当さんがいて、その人たちが懇切丁寧に、いろいろ教えてくれます。その道のプロが親切に教えてくれますので、だれでも自分に合ったメーク術をマスターできますよ。

コラム

2 反省なんて、しなくていい

「過つは人の常」という言葉があります。

人間なら、だれでも失敗することはよくあるよね、という意味です。生まれてから死ぬまで、ずっと物事がうまくいきっぱなし、という人はいません。だれでも、何かしら失敗や間違いをするものです。

さて、失敗すること自体はもうどうしようもないと思うのですが、その後にどうするかが肝心です。

自信を持ちたいのなら、「ああ、自分はダメ人間だ……」などと反省はしなくともいいので、「では、将来的にどうすれば失敗しないですむか?」という行動プランを立てるようにしてください。落ち込まない人、あるいは簡単にへこたれない人は、これを日常的にやっています。

カナダにあるブリティッシュ・コロンビア大学のアダム・ディポーラは、83

名の大学生に自信を測定するテストを受けてもらい、「もし試験で失敗したら、どうするか？」と尋ねてみました。

その結果、自信のある人は、「今後は、準備をさらに早める」「今後は、毎回の講義の後に復習する時間を増やす」といったように、将来的な行動プランを立てる傾向があるのに、自信のない人は、反省ばかりすることがわかりました。

失敗することはしかたがないことですが、反省をしたり、クヨクヨと落ち込んでいたりしても状況は変わりません。何かしらの行動を起こすことが大切です。

自信がない人は、基本的に「何もしない」のがよくないのです。

カナダにあるウォータールー大学のサラ・ヘインペルは、日常生活でイヤな出来事に遭遇するたびに記録をとらせ、その記録を分析してみたことがあるのですが、自信のある人は、ムードを改善する何らかの行動をとっていることがわかりました。たとえば、ムシャクシャしたときには、映画を見に行くとか、友人とバカ騒ぎをする、などです。行動することで気分転換していたのですね。

ところが、自信のない人はというと、イヤなことがあっても、「何もしない」ということがわかりました。自信のある人は、38%が行動的にムードを改善する手段を講じていたのに、自信のない人では、わずか13%しか何らかの行動を起こしていませんでした。自信のない人は、イヤなことがあっても、ひたすら耐えるのですね。

ぜひあなたも、行動的な人間を目指しましょう。

頭であれこれと考えるのではなく、行動することによって、ネガティブな感情を吹き飛ばしてしまうのがポイントです。

「何をしていいのかわからない」という人がいるかもしれませんが、何でもいいのですよ。部屋の掃除をしてみるのもいいでしょうし、皿洗いでもいいですし、犬の散歩でもかまいません。とにかく頭で考えるのをやめて、積極的に行動を起こしてみてください。

第 3 章

「モノの見方」を変えてみる

24

みんな、自分に都合よく考えているだけ

私たちは、だれでも多かれ少なかれ、自分にとって都合のよいことだけを考えるものです。

コーネル大学のデビッド・ダニングは、実験に参加した高校生に「支配性」を測定する心理テストを受けてもらい、支配性の高い人と低い人をわけました。

次に、16の記述を見せて、それぞれの記述が「支配性」という概念の典型例として当てはまるかどうかを判断してもらいました。

その結果、支配性のテストで高得点だった人たちは、

○プロジェクトリーダーになる
○緊急時や非常時に勇気を奮い起こす
○自分から会話をスタートする

といった記述が、「支配性」の典型的な記述だと考えました。

もっと、好き勝手に考えていい？

ところが支配性の低い人はどうかというと、

○会話を独占する

○「自分が電話を使うから」といって、他の人が使っている電話を切らせる

といった記述が支配性によく当てはまると答えたのです。

つまり、支配性が高い人は、自分が支配性の高い人間なので、ポジティブな記述を好んで選び、支配性が低い人は、ネガティブな記述を選びやすいことがわかったのです。

私たちは、だれでも多かれ少なかれ、自分にとって都合のよい解釈をするものなのですが、自信が低い人はというと、それをしていません。自信が低い人は、自分が肯定的な気分になれるような解釈をせず、わざと自分を貶《おとし》め、

イジメようとするのです。

＊

でも、自分にとって都合のいい解釈をするのは、だれでもやっていることです。別に、恥ずかしいことでも、悪いことでもなくて、それがごく普通の人間の自然な心理だといえるでしょう。

それなら、遠慮せず、もっと自分に都合よく考えてよいといえるでしょう。ダニングの研究を知れば、「なんだ、みんな都合のいいように考えているのだな」ということがよくわかるでしょうし、自分が都合のいい考えをしていても、そんなに気にならなくなるのではないかと思います。

25

「できる人」を思い浮かべると、自分も「できる」ようになる

仕事をするときには、急いで取りかかろうとせず、まずは「仕事ができる人」を頭に思い浮かべてみるといいでしょう。その人がどんな風貌なのか、どんなやり方で仕事をしているのか、どんなクセがあるのかなどを十分に思い浮かべるのです。

すると、どんなことが起きるのでしょうか。なんと信じられないかもしれませんが、自分の仕事能力も格段にアップするのです。こうした効果は、心理学では「プライミング効果」と呼ばれています。

能力アップに寄与する「プライミング効果」

「プライム」という英語は、「起爆剤」といった意味なのですが、頭の中でのイメージが起爆剤となり、それが自分の心の在り方や、さまざまな能力、さらには行動にも影響を与えるのです。

「なんだかあやしいな……」とお疑いの読者もいらっしゃると思いますので、面白い実験をご紹介しましょう。

スイスにあるバーゼル大学のヨアヒム・ハンセンは、39名の大学生を2つにわけ、片方のグループには、「大学教授」について考えさせました。大学教授はどんな性格の人が多いのか、どんな服装をしているのかなどを紙に書きだしてもらいました。「頭のいい人」をプライミングさせたのです。

別のグループには、「清掃員」について考えてもらいました。こちらは比較のためのコントロール条件です。なお、事前の調査で、頭のよさのイメージを10点満点で聞いてみると、大学教授は8・9点で、清掃員の方には申し訳ないのですが、こちらは3・1点でした。

それから両グループに42問の知識テスト（トリビアクイズ）を受けてもらうと、大学教授をプライミングされたグループのほうの正答率は50・34%。対する清掃員は42・23%と大きな開きが出たのです。

試験を受ける前に、ちょっと「頭のいい人」を考えるだけで、実際に自分の知的能力がアップしてしまうのですから、プライミング効果はとても大きいのですね。

自信を持ちたいのなら、「自信のありそうな人」を頭に思い浮かべるようにするといい、とお伝えしたのはこのためです。そうすれば、プライミング効果が働いて、その人の思考法や、行動などを自分でも真似するようになるはずだからです。

たとえば困難な状況に陥ったときなどには、「もうダメだ」と簡単にあきらめてしまうのではなく、「こんなとき、アントニオ猪木さんならどうするだろうか？」といったことを考えると、勇気がわいてくるかもしれません。

＊

ちなみに、ジョー・バイデン米大統領はホワイトハウスの執務室の一番目立つ場所にフランクリン・ルーズベルト大統領の肖像画を飾ったそうです。ルーズベルトといえば、世界大恐慌、第二次世界大戦という非常に困難な時期にアメリカを率いた大統領ですが、そんな人物を見ることによって、「自分も困難に負けずに頑張らねば！」という意欲をプライミングさせようとしているのでしょう。

26

「自分なんてどうせ嫌われる」と思っていると

自信がない人は、人に会うときに、ものすごく悲観的なことを考えます。

「僕なんて、どうせ好かれるわけがない」

「私なんて、どうせ相手にもされない」

こんなふうに悲観的に考えているから、本当に嫌われてしまうのだ、ということを覚えておきましょう。もっと自分に自信を持つようにすれば、絶対に好かれるはずなのに、わざわざ自分から嫌われることもありませんから。

「私なんて」と思う人は

カナダにあるウォータールー大学のダヌ・スティンソンによると、自信がない人は、自信がないがゆえに人に嫌われてしまうそうです。いったいどういうことなのでしょうか。

スティンソンによると、理由はこうです。「私は、みんなに受け入れてもらえる」と思っている人は、相手に対して、とても温かな振る舞いをします。そのため、他の人に受け入れてもらいやすくなるのです。

ところが、「私なんて、どうせ受け入れてもらえない」と思っている人は、相手に素っ気ない態度や、冷たい態度をとりやすく、それゆえ拒否されやすくなるのだそうです。

スティンソンは、これを実験的に確認しています。

面識のない人たちを集めて5人ずつのグループを作らせ、月に一度、マーケティング調査という名目でミーティングをしてもらったのですが、「私は、他のメンバーに受け入れられると思っている人ほど、本当に受け入れられるのに対して、「受け入れてもらえない」と思っている人は、ミーティング中にずっと冷たい態度をとるので、やはり他のメンバーからは嫌われる傾向が確認されました。

自信のない人が嫌われるのは、いわば自業自得。

自分のほうが、先に冷たい態度をとるから嫌われるのですが、本人はそれに気づいていません。

自信のない人は嫌われますが、それは自分が悪いのです。「どうせ私なんか」という考えを持つ人は、他の人に明るく、和やかに接することができませんので、その結果として嫌われてしまう、ということをきちんと認識しておく必要があります。

＊

かりに自分の性格や外見に自信が持てないのだとしても、せめて悪い思い込みは持たないようにしましょう。

「私は、だれかれかまわず言いたいことを言ってしまうタイプだけど、そんな私のことも面白がって受け入れてくれる人が絶対にいるはずだ」と思っていたほうがいいですよ。

悪い思い込みさえ持たなければ、相手に素っ気ない態度もとらなくなりますし、それによって相手にも受け入れてもらえるようになりますから。

27

自分に好意を示してくれる人と付き合ってみよう

もし自分に対して、好意を示してくれる人がいるとして、自分に恋人がいないのだとしたら、迷わずにお付き合いすることをおすすめします。

「えっ、別に私のタイプではないのですが……」
「好きでもない人とお付き合いはちょっと……」
「友だちならいいのですが、恋人は……」

と躊躇する人がいるかもしれませんね。

しかし、最初はそんなに好きではなくとも、交際をつづけているうちに、相手のいいところがどんどんわかってきて、本当に好きになってしまうことは、めずらしいことではありません。というより、よくあることです。

世の中には、根っからの悪人というものはそんなにいませんので、付き合えば付き合うほど、相手のことを知れば知るほど、好意を抱けるようになるのです。ですから、自分に好意を示してくれる人がいるなら、ぜひお付き合いしてみてください。

ここでちょっとしたクイズをひとつ。

読者のみなさんは、恋人がいる人と、いない人とでは、どちらのほうが、自信が高いと思いますか。

なんとなくわかると思いますが、正解をいうと、「恋人がいる人」です。恋人がいる人は、たとえその恋人がそんなに魅力的な人でなくとも（言葉が悪くてすみませんが）、それでも自信を持つことができるのですよ。

「私には恋人がいるから」という自信

米国イリノイ州にあるミリキン大学のゴードン・フォーブズは、84名の女子大学生に、「あなたに彼氏はいますか?」と聞く一方で、自信の高さを測定してみました。

すると恋人がいる人のほうが、自信が高いことがわかりました。さらに、恋人がいる人のほうが、自分のことを魅力的だと評価していて、しかも自分の体重もあまり気にしないことがわかりました。

恋人がいる人は、かりに気落ちするようなことがあっても、「でも、私には恋人がいるから」と考えることができます。たとえ太っていても、「でも、私には恋人がいるから」と思えば自信はゆるぎませんし、たとえ仕事でミスを連発して上司に大目玉をくらっても、「でも、私には恋人がいるから」と思えば、すべてを柳に風と受け流すことができるのです。

恋人がいることは、自信を失わせることに対しての「バッファー」(緩衝材)のような役目を果たしてくれるのです。

＊

さすがに、「だれでもいいので恋人を作れ」とまでは言いませんが、もし自分に好意を寄せてくれていて、こちらも憎からず相手のことを思っているのであれば、むげにお断りするのではなく、付き合ってみたほうがいいと思います。お付き合いしてみると、「思ったよりもいい人だった！」というケースがほとんどですから、安心してお付き合いしてください。

28

自尊心が低いのは、自分のことをよく知らないから

読者のみなさんは、自分のことをどれくらいよく知っているでしょうか。

「そんなの、他ならぬ自分自身のことなのだから、だれよりもよく知っているに決まっているじゃないか！」と思うかもしれませんね。

でも、本当に自分のことを知っていますか。

本当の、本当に、よく知っていると言い切れますか。

ミシガン州立大学のアン・バウムガードナーによりますと、その人の自尊心の低さは、自分が持っている特性（人気度や知性、ユーモアセンスなど）についての不確かさと結びついているそうです。バウムガードナーは、「自分をよく知らないから、自尊心が低いのだ」と指摘しています。

自信がない人は、自分自身のことを、じつはよくわかっていません。

たとえば、みなさんはどれくらい他の人から好かれているのか、本当にわかっていると言えるでしょうか。「ええっ、そう言われるとちょっと自信がなくなってきちゃったな……」というのがホンネなのではないでしょうか。

人からの信用度は？　仕事の能力は？　どうですか、自分のことを本当によく知っていると言えるでしょうか。

まずは自分をよく知ることから

自信がない人は、まず自分自身のことをもっとよく知る必要があります。よく知るというのは、単純に自分がそう思い込んでいるというだけではダメですよ。もっと客観的な指標で自分のことを知っていなければなりません。客観的に知るからこそ、あやふやでない自信が生まれてくるのですから。

たとえば、自分の仕事の能力を客観的に知りたいのなら、転職エージェントなどが無料で実施している、「自分の市場価値」の診断やテストなどを受けてみるのです。もちろん、実際に転職しなくともかまいません。

そういう診断を受けてみると、「意外に、自分の能力って高いんだな」ということがわかったりします。残念なことに「けっこう低い」というガッカリな結果になるかもしれませんが、それでも自分のことをよく知ることはいいことです。

人付き合いのうまさを客観的に知りたいのなら、ＥＱテストや、共感性の診断テストがいいと思います。共感性というのは、相手の立場で考える能力や、思いやりを測定するもので、人付き合いのうまい人はたいてい共感性が高いことがわかっているからです。

*

さらに恋愛市場で、自分がどれくらいモテるのかを知りたいのなら、恋愛能力を診断してくれるサイトなどを利用するのもいいでしょう。恋愛能力に関しては、あやしいテストも多いのですが、複数のサイトの診断を受けてみて、複数の結果を突き合わせれば、それなりに客観的に自分のことを知ることができるでしょう。

自信がない人は、まず自分をよく知ることから始めてみるのがいいと思います。遊びでもかまいませんので、いろいろなテストを受けてみてください。

29

だれが微笑んでいる写真が与える効果

私たちは、だれかが微笑んでいる顔を見ると、うれしくなるものです。自分が認められている、あるいは受け入れられている、と感じるからです。

たとえその笑顔が、自分に向けられたものでなくともかまいません。「とびっきりの笑顔」といったキーワードで検索し、インターネットで拾ってきた笑顔でもかまいません。そういう笑顔を見ていると、心が温かくなってきて、知らないうちに自信もついてくるから不思議です。

「お気に入りの一枚」を見つけよう

カナダにあるマギル大学のジョデン・バッカスは、得点をあげるたびに笑った顔が出てくるというコンピュータゲームをさせてみたことがあるのですが、なんとたったこれだけでも、ゲームで遊んだ後には自尊心が高くなると いう実験結果を報告しています。

笑った顔を見ていると、私たちは自信を持てるようになるのです。

どうして自信が出てくるのかというと、バッカスによれば、どうも「古典的条件づけ」が関係しているみたいですね。

古典的条件づけというのは、パブロフの犬でおなじみだと思うのですが、エサをあげるたびにベルの音を聞かせると、そのうちベルの音を聞いただけで条件反射的によだれが出てくる現象のことです。

私たちは、生まれたときから、人の笑顔を見るたびに「私は受け入れられている」「私はホメられている」「私は認められている」といううれしい気分を感じるので、そのうちに笑顔を見るだけで自信も高まるのだと解釈できます。

自信がない人は、まず自分にとっての「お気に入りの一枚」を見つけるところから始めてください。

「この人の、この笑顔を見ていると、どうしてなのか理由はよくわからないんだけど、自分も元気になれるんだよな」という一枚が、探せばきっと見つかるはず。

そしてそういう写真を見つけることができればしめたもので、あとはその人の笑顔を見れば、元気が出たり、うれしい気持ちになったり、やる気が出てきたりします。

*

私の仕事場には、息子が小さかったころに撮った家族写真が飾ってあります。息子が大笑いしている写真なのですが、私のお気に入りの一枚です。息子はその写真が気に入らないらしく、「いいかげんに捨ててくれよ」と頼んでくるのですが、なぜか私はその写真が気に入っていて、それを目にするたびになんだか心が温まるので、いつまでも飾っておくのです。

家族がいる人なら、家族の写真がいいのではないかと思いますし、恋人がいるのなら、恋人の写真がいいと思うのですが、笑顔であれば何でもかまわないでしょう。

ぜひあなたもお気に入りの写真を見つけてみましょう。

30

「自信」が高まったり、低下したりするのはなぜ？

私たちの自信というものは、固定的で、絶対に変わらないのかというと、そうではありません。ふだんは自信があると思っている人も、落ち込むことはあるでしょうし、自信のない人でも、なぜか自信が上がることはあるものです。

人間の体温は、時間帯によって上がったり下がったりします。頭の働きも、仕事の能率もそうですね。いつでもずっと同じ、というような人はいません。自信も同じようなところがあって、上がることもあれば、下がることもあるのが普通です。

自信は人間関係に随《ずい》伴《はん》する

では、どういう条件によってそういう変動が生まれるのでしょうか。

米国アラバマ大学のジャネル・キャンブロンによれば、私たちの自信は、「人間関係」に随伴しているそうです。

「随伴する」という言葉は、あまり聞きなれない言葉だと思いますが、心理学ではよく使います。

わかりやすくいうと、人間関係が良好だと、自信のほうもグッと上がって、ケンカをしたり、険悪な雰囲気になったりすると、シュンと下がってしまうのです。人間関係の円満度に応じて、自信も変わってくるのですが、こういうのを「随伴する」と呼ぶのです。

だとすれば、自信をつけるのは簡単です。

だれとでも、仲よくお付き合いするようにすればいいのですよ。人間関係がよければ、自信も勝手に上がってくれますからね。

『不機嫌な職場』（講談社現代新書）という本があるのですが、この本で紹介されるような、雰囲気がギスギスしていて顔を合わせてもだれも挨拶しないような会社で働いている人は、とてもかわいそうだと思います。なぜかというと、おそらくはその会社の社員は、みんな自信をなくしてしまうだろうな、ということが心理学的に予想できるからです。

私たちの自信が人間関係に随伴している以上、雰囲気の悪い会社で働く人は、もともと自信が高かった人でも、ものすごく低くなってしまうことが懸念されます。少なくとも勤務時間中は、ずっと自信も下がったままでしょう。

＊

「私の職場が、まさにそういう職場なのですが、どうすればいいのでしょう？」と考える人もいるでしょうね。

そういう人は、もう職場の人間関係はあきらめて、気心の知れた友人とひんぱんに連絡を取り合うとか、趣味のサークルに参加するなどして、そちらの人間関係を充実させることです。そちらが円満なら、勤務時間中に下がり切った自信が、また上昇することが期待できるからです。

とはいえ、職場の環境が一向に悪いままなら、そうした職場を離れることも検討せざるを得ないかもしれません。なんとかして、自信を引き上げる人間関係を手に入れられるよう、努力してみてください。

31

ペットを飼っている人のほうが、自尊心が高いワケ

私たちの自信は、人間関係の円満さによって上下するわけですが、なかなか人間関係を充実させるのは難しいという人もいるでしょう。生来の引っ込み思案のせいで、友だちが作りにくい人もいるでしょうし、内向的で、人とワイワイやるよりは、一人で静かに本を読んでいるほうがしあわせを感じる人もいるでしょう。

人間関係を充実させるのがちょっと難しいという人は、動物とお友だちになりましょう。ペットを飼うことによっても、同じように自信を高めることができるからです。

ペットとの愛情交換と癒し効果

マイアミ大学のアレン・マッコーネルは、オンラインで募集した人に、ペットを飼っているかどうかを尋ね、さらに自尊心と孤独感についてのテストを受けてもらいました。

その結果、ペットを飼っていない人より、ペットを飼っている人のほうが、自尊心も高く、孤独も感じにくい、という結果が得られたのです。

動物も人間と同じで、こちらが愛情を注げば注いであげただけ、むこうからも愛情が返ってきます。動物も、やはり自分をかわいがってくれるご主人さま（自分のこと）が大好きなので、愛情を示してくれるのは非常にうれしいものです。

ワンちゃんが尻尾を振りながら自分の元に駆け寄ってきてくれたり、ネコちゃんが飛びついてきてくれたりすると、「ああ、私のことが好きなんだな」と実感できますし、そういう感情は、自信を高めるのに役立つのです。

たとえ人間には好かれなくとも、動物に好かれやすい人は、やはり自信を失いません。結局、相手が人間であろうがなかろうが、「私は愛されている」「受け入れられている」と思えれば、同じように自信を高めるのでしょう。

ペットの世話をするのは大変ですが、それによって愛情を感じられますし、自信もつくということを考えれば、世話の手間も苦にならないと思いますよ。

そうそう、何かと気落ちしやすかったり、ストレスを感じやすかったりする人にもペットを飼うのはおすすめです。動物を飼うことには、〝癒し〟の効果があるからです。実際、「アニマル・セラピー」といって、動物に触れ合うことで心を癒すセラピーもあるくらいなのです。

＊

ペットのにおいであるとか、鳴き声ですとか、世話の大変さなどが気になる人には、金魚がおすすめです。金魚を飼うのに、そんなに場所はとりません。水槽を置くだけです。手間もかかりません。エサをあげて、たまに水槽の水を取り替えてあげるだけですみます。別に、遊んであげたり、散歩させたりする必要もないので、飼育は簡単です。

にもかかわらず、金魚もちゃんとこちらのことを認識してくれて、水槽をのぞきこむと、「あっ、ご主人さまだ！」と気づいて、エサがほしくて水面に上がってきます。とてもかわいいものですよ。

32

損をしてでも、「テイク」より「ギブ」がいい

ギブ・アンド・テイクという言葉がありますよね。この表現では、なぜギブ（与える）のほうが、テイク（受け取る）よりも前にくるのかというと、ギブのほうが、テイクよりも重要だからです。

人から何かを受けたいと思ったら、まずは自分のほうが先に相手にギブをしなければなりません。ギブのほうが大切なので、ギブ・アンド・テイクでは、ギブのほうが前にくるのです。自分からは相手に何もしていないのに、相手から何かを受け取ろうというのは、まことにムシのいいお話ですよ。

「でも、自分ばかり相手にギブをやっていたら、損をしてしまうではないか！」と思う人がいるかもしれませんね。

そういう打算的な考えをしてはいけません。

なぜなら、物質的には損をすることになっても、心理的にはトクをすることがわかっているからです。

相手に何かをギブすることによって、つまりいいことをすることによって、私たちは自分がしあわせになれるのです。そういう幸福感は、自信を押し上げる働きをしてくれます。自信がつくという、まことに素晴らしい心理的なご利益があるわけで、かりに物質的な損をしたとしても、結局は、自分がトクをできるのです。

「私はギブできる人なのだ」という自信

ベルギーにあるゲント大学のピエト・ブラックは、628名の実験参加者に、「あなたはどれくらい他の人を助けていますか?」「あなたはどれくらい他の人から助けられていますか?」という2つの質問をしてみました。

すると、「他の人を助けている」、つまりギブをしている人のほうが、「他の人から助けられている」、つまりテイクをしている人よりも、自尊心や自己効力感(目標を達成するための能力を持っているという認識)の高まりが見られることがわかりました。

人を助けてあげるというのは、助けられた相手も当然うれしいでしょうが、「私は助けてあげられるような人間なのだ」という気持ちを強化してくれるので、自分もうれしくなれるのです。お互いにうれしくなれるのが、ギブなのです。

ですから、「俺ばっかりがギブをするのは損だ」などと、しみったれた考えをしないでください。相手が喜んでくれてよかったな、と思うのがコツです。

そうすれば自分もうれしくなれるでしょうし、自信も持てるようになりますから。

＊

たとえ街中で出会った知らない人が相手でも、「何かお困りですか？」と声をかけてみてください。積極的に親切にしてみてください。道に迷っている人がいるとして、目的地がすぐそばなら、自分で案内してあげてください。感激した相手は、満面の笑みで「いやあ、助かりました、ありがとう！」とお礼を言ってくれるでしょう。そうすると、心が「ほっこり」してきて、とてもしあわせな気分になれます。

33

チャットでおしゃべりするだけで、気分はしっかり保たれる

人に仲間外れにされることは、私たちの自尊心を傷つけます。けれども、かりにそういう目に遭ったとしても、その後、他のだれかとおしゃべりしていると、自尊心の落ち込みが見られないことも実験的に確認されているのです。

ですから、人間関係で不愉快なことがあったときには、知らないだれかとチャットでもして、たわいのない世間話でもしてみること。おしゃべりしていると、自尊心は落ちないからです。

「仲間外れ」の実験

カリフォルニア州立大学のエリシェヴァ・グロスは、実験参加者に3名のグループを作らせ、コンピュータ上で「サイバーボール」という遊びをやらせました。ボールがひとつあり、それを他の2人のどちらかにパスしあう、という遊びです。

ただし、参加者以外の2名は、じつはサクラ。サクラは、最初のうちこそ、本物の実験参加者にパスを回しますが、そのうち一切パスを回さなくなり、自分たちだけでボールの受け渡しをつづけます。これは、参加者に「仲間外れ」の気分を味わわせる実験的な操作です。実験とはいえ、仲間外れにされるのですから、イヤな実験ですね。

さて、サイバーボールが終わったところで、2つの条件にわけられました。ひとつは、12分間、テトリスで遊ぶ条件。もうひとつは、12分間、知らないだれかとコンピュータ上でおしゃべりする条件です。

それから自尊心のテストをしてみると、サイバーボールで仲間外れにされても、その後に知らない人とおしゃべりした条件では、自尊心が落ちないことがわかりました。テトリスで遊ぶ条件では、気を紛らわすことはできたかもしれませんが、自尊心は落ちました。

つまり、知らないだれかとおしゃべりするのは、自尊心を保持するのにとても有効な方法だったのです。私たちは、それがだれであっても、おしゃべりしているとなんとなく安心して、自尊心も保たれるのでしょう。

おしゃべりは、対面でなくともかまいません。グロスの実験でも、おしゃべりはコンピュータ上でのチャットでしたからね。

＊

テクノロジーの発展によって、ネットの世界では、いろいろな人とつながることができるようになりました。これは非常にありがたいことだと思います。探せば、いくらでも自分とおしゃべりしてくれる相手を見つけることができます。そして、知らない相手でも、おしゃべりしていれば、自尊心を高く保つことができるのです。

ただし、お友だちであっても、毎日何時間もあなたの愚痴や不満を聞かされていたら、うんざりさせてしまうと思いますので、かえって知らないだれかのほうが気がラク、ということがあるかもしれません。

心の悩みをメールやチャットで相談に乗ってくれるサイトなどもあるので、そういうところでおしゃべりするのもいいですね。とにかく、悩みがあるときには一人で抱え込まず、だれかとおしゃべりしてみることが有効なのです。

コラム 3

グリーン・エクササイズで気分転換！

緑の多いところをジョギングしたり、山の中をトレッキングしたりすることを、「グリーン・エクササイズ」といいます。

森林浴という言葉を聞いたことがあると思うのですが、緑の多いところにいると、私たちの心はとても落ち着きます。

自尊心が傷ついたときなどには、ぜひ緑の多いところに出かけてみてください。都会であっても、探せばいくらでも自然が見つかると思いますので、そういうところに出かけるのです。

英国エセックス大学のジョー・バートンは、グリーン・エクササイズの心理効果を調べた10の論文について総合的に分析し、いろいろと面白い結果を得ました。

まず、グリーン・エクササイズは、自尊心や気分の改善にものすごく役に立つということ。しかも、エクササイズの時間は、「わずか5分で十分」で、次に効果があるのが10分から60分であること。半日も、一日もエクササイズをすると、かえって効果が下がってしまうこと。また、水辺がそばにあるエクササイズはさらに効果的であること。男女とも水辺のそばのエクササイズは効果的でしたが、男性ならさらにムードの高まりが期待できること、などです。

グリーン・エクササイズは、「グリーン」(緑)という言葉が入っていますが、噴水や滝や川などの水辺でもいいのです。もし近くに小川などが流れているのなら、川沿いの道などを散策するのもいいですね。理由はわかりませんが、特に男性は、水辺のそばにいると気分がよくなるようですから。

街中をジョギングしたり、スポーツジムのような無機質な閉鎖空間で筋トレしたりするのも、けっして悪くはないのですが、緑を見ながらエクササイズしたほうが、心理的なリラックス効果も期待できるのでおすすめです。

山歩きが趣味であるとか、サーフィンが趣味であるとか、自然の中で身体を動かすのが好きな人で、自信のない人には、あまり出会ったことがありません。そういう人たちは、自分でも気づかないうちにグリーン・エクササイズをしているので、自尊心も高く保つことができるからでしょう。

私のおすすめのエクササイズは、散歩。

歩きやすいスニーカーを用意すれば、他には何も用意するものがありません。他のアクティビティは、いろいろと準備にお金がかかったりしますが、散歩なら、だれでも、すぐに始められます。どんなエクササイズをやったらいいかわからない人は、とりあえずウォーキングがよいのではないかと思いますよ。

第 4 章

「生活習慣」を変えてみる

34

人は、一人では生きていけないのだから

人は、一人では生きていけません。他のだれかと一緒に生活するから、生きてゆけるのです。集団で生きていく動物のことを「社会性動物」と呼ぶのですが、人間もそう。私たちは、集団で生きていくことを宿命づけられています。

そのためでしょうか、同じことをするのでも、一人でやるときにはそんなに面白く感じませんが、他の人とワイワイ言いながらやると、同じことでものすごく面白く感じることができます。仕事でも、勉強でも、ゲームでも、趣味でも、何でもそうですね。

人間は、他の人と一緒に活動すると、生き生きとしてきます。

したがって、他の人と活動できるような、スポーツサークルのようなものに参加してみるといいでしょう。

地域のコミュニティには、探せばそういうスポーツサークルがいくつも見つかるでしょうから、積極的に参加しましょう。ソフトボールでも、野球でも、ゲートボールでも、バレーボールでも何でもかまいません。

チームスポーツの精神的効果

カリフォルニア州立大学のエリザベス・ダニーズルは、青少年の健康に関する全米調査（12歳から21歳）に回答してくれた男性5811名、女性4689名を分析してみたことがあるのですが、チームスポーツをやっている人ほど、自信が高くなる傾向があることを突き止めています。

なぜスポーツが自信を高めるのかというと、ダニーズルによれば、チームのメンバーや仲間たちからの受容が増えるから。

同じチームで活動していれば、当然、仲間の一人としてメンバーたちから受け入れてもらえるわけです。そして、チームに受け入れられているという充実感や喜びが、自信を高めるのであろう、とダニーズルは分析しています。

＊

職場によっては、同好のメンバーを募って、いろいろなサークルを作っているところがあるかもしれません。もしそういうものがあるのなら、ぜひ参加してみることをおすすめします。

サークルに入って、他のメンバーに受け入れてもらえるようにすれば、自信もつきますし、職場でも仲よくしてもらえるかもしれません。単なる仕事上のお付き合いではなく、プライベートな「仲間意識」のようなものも芽生えるでしょうから、人生も楽しくなると思われます。

「私は、運動能力がからっきしで、スポーツ全般が苦手なのですが……」という人もいるでしょうが、中高生の部活動ではありませんし、何らかの大会で優勝を目指すわけでもないのですから、気軽に参加してよいと思いますよ。

スポーツが苦手なら、音楽のサークルでももちろんOKです。やはり音楽的な才能などまったくなくてかまいませんので、オカリナを学ぶ趣味のサークルですとか、和太鼓を習うサークルなどにどんどん参加してみてください。メンバーたちに受け入れてもらえると、自信もついてきますから。

35

性格を変える必要なんてないけれど

自信がない人は、人当たりもよくない傾向があります。

どちらかというと陰気なキャラです。

自信がないため、自分から積極的に場を盛り上げていこうという気持ちにもなりません。おかしな冗談などを言って、場が凍りついてしまうことを恐れているので、たとえ面白いことを思いついても、絶対に口に出さないのです。

本人も、「これではいけない」と思うものの、なかなか人の性格は変えられませんので、しかたなくというか、半ばあきらめている場合がほとんどではないかと思われます。

けれども、「性格なんて変える必要はない」ので、ウソでもいいので、陽気なキャラを演じるようにしてください。演技でもぜんぜんかまいません。いや、むしろ演技だと思っていたほうが、「私は、陽気なキャラを演じているだけ」と割り切ることができるでしょう。

演技でもいいので陽気なキャラを演じていると、どうなるでしょうか。

なんとも不思議なことに、自信がついてくるのですよ。

陽気なキャラを演じる効果

プリンストン大学のエドワード・ジョーンズは、実験に集まってくれた参加者に、「これは就職面接の実験なので、できるだけ面接官に好印象を与えるように振る舞ってもらえませんか？」とお願いしました。

そういう指示が出されたので、参加者の中には陰気な人もいたでしょうが、自分なりに好ましい印象を与えるよう、快活で、明るい陽気なキャラを頑張って演じました。

さて、その後でジョーンズが自信を測定するテストを実施したところ、なんと陽気なキャラを演じた人たちの自信が高くなることがわかったのです。

「ウソから出たまこと」とは、まさに言い得て妙。

たとえ演技だとわかっていても、好ましい印象を与えるように、にこやかに微笑んだり、楽しそうに振る舞ったりしていると、自信もアップしてしまうのです。

ウソでも演技でも何でもかまいませんから、「とにかく陽気に振る舞うといいですよ」と私がアドバイスするのは、こうした理由からです。

＊

人に会うことが仕事の人たちは、経験として、このことを実感しているのではないでしょうか。サービスや接客、あるいは営業をしていると、「明るい人柄」を演じなければなりませんし（そうしないと仕事になりません）、そういう演技をしていると、不思議なことにだんだん自信もついてくるのです。

「性格を変えよう」というのは、かなり大変ですし、そんなにすぐには性格も変わりません。長い年月をかけて形成された性格は、一朝一夕には変わらないのです。

ところが、演技のほうは、たとえうまい・ヘタはあるにしても、やろうと思えばだれでもできるはず。演技でも明るく振る舞っていると自信がついてくるのですから、ぜひみなさんも試してください。

36

新しい自分に生まれ変わるてっとり早い方法

恋をすると、世界がバラ色に見えてくるとか、世界が一変するなどと言われていますよね。

それまでの自分とは、まるで違う自分にいきなり変身させてしまうのが、恋の力。恋をすることには、そういう効果があるのです。

ところで、「世界が一変する」ということは、つまり、「新しい自分になれる」ということではないでしょうか。自信がなく、オドオドしている人でも、恋をすれば自信を持てるようになったりするのではないでしょうか。

「自己概念」が変わる恋愛効果

この仮説を検証した、ニューヨーク州立大学のアーサー・アロンによると、まさにその通りの結果になりました。

アロンは、500名以上の大学生を10週間に渡って調べ、その期間に恋に落ちた人たちは、のきなみ自信（自己効力感と自尊心）がアップしてしまったのです。恋に落ちると自己概念が変わるのです。

若い読者は知らないと思うのですが、ずいぶん前に『電車男』という、実話にもとづいた恋愛小説がありました。映画やテレビドラマにもなるくらいの社会現象を引き起こしましたので、ある程度以上の年齢の方ならご存じでしょう。

陰気なオタクの主人公が、電車内で困っている女性を助け、その女性に恋をしてしまうというストーリーなのですが、主人公の男性は、恋をすることによって、新しい洋服を買ったり、髪型を変えたり、どんどん生まれ変わってゆくのです。掲示板の仲間たちの親切なサポートもありましたが、恋をすると、本当に人は変わることができるのです。

読者のみなさんは、恋愛のほうはどうでしょう。

「いや、もう、私は恋愛なんていいや」などと、冷めた考えをしていませんか。

だとしたら、あまりよろしくありません。

恋をすると、私たちの脳内には、ドーパミンをはじめとする脳内麻薬があふれます。それによってしあわせな気分になり、明るくなり、自信を持てるようになるのです。ですから、「恋愛なんてもういい」などと悲しいことを言わないでください。

＊

身近なところに恋をする相手がいないのなら、アイドルやモデルに恋をするのもいいかもしれません。ひょっとするとアニメのキャラクターでもかまわないかもしれません。

なにしろ、私たちの脳みそは、現実と仮想現実の区別はつきませんから、相手がどんな人であっても、恋をすれば、同じように多幸感が生まれて、自信もつくのではないかと思われます。

37

なつかしい思い出を引きだす「香り」を探そう

だれにとっても、「思い出の香り」というものがあるのではないかと思います。この匂いを嗅ぐと、自然になつかしい香りを思いだすというものが、みなさんにもひとつくらいはあるのではありませんか。

米国ヴァージニア・コモンウェルス大学のチェルシー・レイドは、さまざまな香りを160名の大学生に嗅いでもらって、「この香りはなつかしいことを思い出させますか?」と尋ねてみました。

その結果、「昔を思いだす」香りとして、パンプキンパイ(67・72%)、ラベンダー(61・88%)、ベビーパウダー(61・01%)などがあることがわかりました。アメリカ人は、パンプキンパイの香りを嗅ぐと、一番ノスタルジックな気分になるようですね。

またレイドは、その香りによって、どんなことを思い出したのか、その内容についても調べてみました。

すると、ポジティブなこと、人とのつながり、人生で意味のあったこと、つまり、自尊心を高めてくれるようなこと、であることがわかりました。

なつかしい香りは、私たちの自信を高めるような思い出を引き出してくれるようです。

なつかしい記憶はポジティブなものが大半

私たちの記憶というものは、ポジティブな方向に修正、改変される傾向があるのですが、なつかしい思い出の多くは、ポジティブなものが大半。したがって、なつかしい思い出を引き出してくれる香りを使えば、自尊心を高めることができるわけです。

「この香りを嗅げば、だれでもなつかしい思い出を引きだしてくれる」という、万人に当てはまるような香りというものはありません。人によって、その香りは違うでしょう。

私の場合には、なぜか「粉ミルク」の香りが、なつかしい思い出を引き出してくれます。「バニラ」の香りも、なんだかなつかしくて、うれしい感情を引き出してくれます。そのため、私は自分の気分を高めたいときには、バニライスを食べるようにしています。

*

ちょっと変わった香りや、人によっては不快感を抱かせるような香りでも、人によってはノスタルジックな気分を引きだすものはあるはずです。

たとえば、父親が工場で働いていて、父のつなぎについていた機械油の匂いを嗅ぐと、頑張って働いていた昔の父の姿が自然と思い出され、自分も頑張らなければと感じる人がいるかもしれません。そういう人にとっては、機械油の香りが、自信を高める魔法の香り、ということになるでしょう。

どの香りが正解というものはありません。

この香りを嗅ぐと、なぜか昔を思いだすというものがあれば、自信をなくしたときなどには、そういう香りを嗅いでみるといいですね。

38

香水をつけるだけで、意識が変わり行動が変わる

男性の読者に朗報です。あまり香水をつけるのを好まない男性でも、もし自信がないのであれば、ぜひ香りを身にまとうようにしてみてください。

私もあまり詳しくないのでよくわかりませんが、香水やら、デオドラントやら、ボディスプレーやら、フレグランスやら、いろいろな呼び名があるとは思いますが、とにかくよい香りのするものなら何でもかまいません。

そういう香りを身にまとうと、いったいどうなるのかと思いますよね。

じつは、よい香りを身にまとうと、自分のことを「イケメン」だと思うようになり、堂々とした振る舞いができるようになるのですよ。

堂々とした振る舞いをもたらす「よい香り」

英国リバプール大学のクレイグ・ロバーツは、35名の男性のうち、18名には香りのある市販のデオドラントスプレーを使ってもらい、残りの17名にはスプレーは渡すものの、無香のものを使ってもらいました。

それから、ビデオに向かって、「魅力的な女性が後で見ることになることをイメージして、自己紹介してください」とお願いしました。

すると、よい香りを身につけた男性は、自分のことを魅力的な男性だと思うようになり、自己紹介のときにも、自信のある振る舞いをすることがビデオの分析でわかったのです。

しかも、そのビデオを8名の女性に見てもらって、魅力に得点をつけてもらうと、よい香りのするスプレーを渡した男性たちのほうが、実際に魅力的だと評価されることもわかったのです。

よい香りを身にまとうと、自分でも魅力的になったという自信が生まれますが、他の人から見ても魅力的に映るようになるのです。

＊

香水をつけるのがあまり好きではない人は、微香のものを少しだけ使うようにすればいいでしょう。まったく使わないよりは、使ったほうが絶対に自信を持てるようになりますよ。

もちろん、使うのはほんの少しでもかまいません。むしろ、あまり強い香りをぷんぷんさせるよりも、ほのかによい香りが漂うくらいのほうが好印象を与えます。

自分がよい香りだと思うことができれば、香りの種類は何でもかまわないと思いますが、日本人に好まれるのは、柑橘《かんきつ》系の香りや、フローラルな香りですから、そういうものにしておけばよいと思います。

よい香りを漂わせていると、周囲の人たちからも好かれますし、自分のことも魅力的に思えるのですから、一挙両得とはこういうことを言うのでしょう。

39

「物差し」が変われば、学力と自尊心は関係なくなる

小中高生の自尊心は、学力と関連しているといわれています。

頭がいい子どもは、自尊心が高くなりますし、お勉強が苦手な子どもは、自尊心が低くなる傾向があるのです。

ところが、子どもによってはたとえ勉強ができなくとも、自尊心は低くなりません。

米国ニューヨーク州にあるナイアガラ・コミュニティ大学のジェイソン・オズボーンは、学力と自尊心が関連しているのは、白人の子どもだけで、アフリカ系アメリカ人の子どもは学力が低くとも、自尊心は低くならない、という事実を突き止めました。

なぜ、アフリカ系アメリカ人の子どもは、勉強ができなくとも、自信を喪失しないのでしょうか。

その理由は、アフリカ系アメリカ人の子どもは、白人の子どものように、自尊心のすべてを知的能力によって決めているわけではないからです。

「勉強はできないけど、クラスの人気者」「勉強はできないけど、スポーツ万能」「勉強はできないけど、だれにでも親切」というように、学力と自分とを切り離して考えているので、アフリカ系アメリカ人の子どもは、少しくらい勉強ができなかったとしても、ちっとも気にせず、自尊心も低くならないのですね。

自分をひとつの物差しでとらえない

みなさんも、「自分」をひとつの物差しでとらえず、いろいろな側面で考えることが大切です。多重人格ではありませんが、さまざまな要素の自分、というものを持つようにするといいですね。そうすれば、自分のある部分がたとえ人に劣っていても、他の部分の自分がうまくサポートしてくれますから。

ポイントは、ひとつでも何かしら人に自慢できるようなものを持つこと。そうすれば、たとえその他のことがうまくできなくとも、私たちの自信は下がりません。

仕事はちょっと平均的な人に劣るかもしれないけれども、スキーは達人級。

恋愛ではちょっと奥手だけれども、プログラムの知識では専門家顔負け。

こんな感じで、ひとつだけ〝得意分野〟を持つのがポイントです。

「この分野なら、私は、自信があるよ」と誇れるものがひとつでもあれば、私たちは自分を好きになれますし、自分のことを受け入れられるようになります。どんな分野でもいいので、そういうものを探して鍛え上げましょう。

＊

これから何かしら自分の得意分野を見つけようという人にアドバイスしておきますと、できるだけ「他の人がやらなそう」な分野にするといいですよ。だれもやっていなければ、ほんのわずかの努力で、簡単にトップクラスになれますからね。

だれもやっていないことをやっている、あるいは、だれも知らない知識を持っているということは、本人にとってもかなりの自信になるのではないかと思われます。ぜひ自分の武器を磨き上げてください。

40

気分を上げる「セリフ」を身にまとう効果

自信がない人は、オリジナルのTシャツを作るのもいいですね。

もちろん、自分で全部を作成する必要はありません。最近では、インターネットのお店で、一枚から、しかも千円くらいからTシャツを注文することができますので、そういうサービスを利用してかまいません。

どんなTシャツを作るのかというと、自分が勇気を持てるような、自分に自信を持てるようなセリフや名言を大きく刷り込んだTシャツです。

他のデザインですとか、布地ですとか、色などは、各自、好きなように選んでください。大切なのは、「セリフ」です。

Tシャツの真ん中の部分に、でかでかと文字を印刷しましょう。できるだけ自信が持てるようなセリフにするのがポイントです。

「世界は、私を中心に回る」

「唯我独尊」

「世界一の自信家、ここに現る！」

などなど、遊び心を持ってTシャツを作って、それを身につけるようにするのです。「こんなものを人に見せるのは恥ずかしい」というのなら、自宅の部屋着にしてもいいですよ。それでも十分効果は出てきますから。

オリジナルTシャツを作ろう

米国タフツ大学のマックス・ワイズバックは、太った女性とスリムな女性に、

「everyBODY is beautiful」

という文字がでかでかとプリントされたTシャツを着てもらいました。このセリフはちょっと訳しにくいのですが、「どんな体型であっても、美しい」というくらいの意味です。

太った女性は、自分が太っていることにコンプレックスを感じやすいものですが、「どんな体型でも、私のような体型でも、美しい」と書かれたTシャツを着たわけです。

すると、太った女性では、このTシャツを着ていると自尊心が高まることがわかりました（なおスリムな女性では、この効果は見られませんでした）。

＊

自分を勇気づけてくれるようなセリフが印刷されたTシャツを着ることは、自信を高めるのに有効な方法なのです。

Tシャツを作成するのに、少しだけお金はかかりますが、目の玉が飛び出るような金額でもありませんので、ぜひ作ってみてください。

ワイズバックの実験では、Tシャツが使われていたのでTシャツの事例で説明してきましたが、ハチマキでも、ハンカチでも、バッグでも、何でもかまわないのではないかと思います。

ぜひ、お気に入りのセリフを使って、そのセリフを印刷した小物を用意し、それを身につけてみてください。冗談のように思う人がいるかもしれませんが、本当に効果的なのですよ。

41

周囲の「お手本」に、驚くほど影響を受けるのだから

自分の行動に自信がない人は、自信がある人の行動を、ふだんからできるだけ細かに観察してみましょう。

どういう考え方をしているか、どういう話し方をしているか、立ち居振る舞いを含めて自分との違いをよくよく観察してみるのです。

すると、なぜか自分もその人と同じような行動がとれるようになってくることに気づくはずです。

この効果は、「観察学習効果」と呼ばれています。

モデル（お手本）になる人の行動を観察していると、自分もそのモデルと同じようなことができるようになるのです。

スポーツの世界では、プロの、あるいは上級者の演技やパフォーマンスをビデオやＤＶＤで何度もくり返して見るというトレーニングがあります。

剣道にも「見取り稽古」というものがあります。うまい人のやっていることを見せてもらうのは、非常にいいことなのです。

自信ありげな人の行動をひたすら観察

ニューヨーク市立大学のバリー・ジマーマンは、公立小学校に通う小学1、2年生100名に、2つのもつれたワイヤをほどく、という実験に参加してもらったことがあります。

なお、実験に先だって、見本となる子どもがワイヤをほどいている姿を観察させました。見本の子どもは2人いて、片方の子どもは、「頑張るぞ」「僕なら絶対にほどける」「次は別のやり方を試そう」「ようし、どんどんほどけてきたぞ」とポジティブな独り言を口にしました。もう一人の子どもは、「難しくて、できないよ」「どんなやり方でもムリ」とネガティブな言葉ばかりぶつぶつつぶやきながらやりました。

それから実際に参加者の子どもたちにもやってもらったのですが、モデルの子どもが忍耐強く取り組んでいたときには、「私も、同じようにできるはず」という自信が生まれ、あきらめずに取り組むことがわかりました。

ところが、見本の子どもがすぐにあきらめてしまうのを観察したグループでは、自分もさっさと投げ出してしまうことがわかったのです。

なお、取り組む時間は自由に子どもにおまかせしていたのですが、忍耐強い子どもを観察した条件では平均して259秒取り組みましたが、見本の子どもがあきらめたのを観察した条件では、97秒で放り出してしまいました。なんと3倍近い差が出たのです。

＊

あなたも自信をつけたいのなら、自信のある人の行動を観察してください。周囲に適当な人がいないのなら、映画やドラマでもいいですよ。

自信を持って、堂々としている役者さんの演技をじっと観察していれば、観察学習が起きますから、自然と自分の言動も変わってくるでしょう。

ヤクザ映画を見た後は、みなヤクザのような歩き方になってしまうもの。観察学習の効果は、自分でも気づかないうちに起きてしまうものなのです。

42

やりたくないことを後回しにする病

やりたいことと、やりたくないことがあるとき、たいていの人はやりたいことを先にやり、やりたくないことは後回しにします。

しかし、自信のある人は逆です。

やりたくないほうを先に持ってきて、自分がやりたいほうは、あえて後ろに持ってくるのです。

読者のみなさんも、まずはやりたくないことを先に片づけてしまうようにしてください。

そうすると自信をつけることができますよ。

欲求や衝動を感じたときにどうするか

ニューヨーク市立大学のヘファー・ベンベナッティは、45名の大学生に、「あまりやりたくない試験の勉強と、コンサートやスポーツ観戦などの楽しいことの、どちらを先にやりますか？」と尋ねてみました。

その結果、自信のある人は、「勉強が先、好きなことが後」と明快に答えました。

自信のある人は、イヤなものを先に片づけます。本当はやりたくないのに、それでも頑張って片づけることで、我慢強さや意志力を鍛えられますし、セルフ・コントロール能力を高めることもできます。これが自信につながるのです。

やりたくないことをあえてやることで、私たちは、自分のことを見直すこともできます。

「なんだ、私って、やればできるんだ！」

「意外に私って、強靭な意志力を持っているんだ」

「本当にできるなんて、自分でもびっくり」

そういう気持ちになることができます。

やりたくないことを終えることで、スッキリとした爽快感を味わうこともできますし、その後には、好きなことができるというごほうびまでついてきます。ですから、好きなことは後回しにしたほうがいいのです。

心理学をちょっとお勉強したことがあるのなら、「マシュマロ・テスト」のお話をご存じかもしれません。

小さな子どもに、マシュマロを一個与え、「すぐに食べてもいいけど、食べるのをちょっとだけ我慢できたら、もう一個あげるよ」と言われたとき、すぐに食べてしまう子どもより、我慢できる子のほうが、その後の学校の成績もよく、大人になってからも高い地位の仕事につくことが多い、という研究があります。

マシュマロを我慢できるかどうかでその後の子どもの将来が予想できる、というのがマシュマロ・テストですが、自信もそうで、好きなことをどれくらい我慢できるのかを調べれば、その人の自信を予測することができます。

*

欲求や衝動を感じたとき、すぐにそれを満足させようとしてはいけません。

自分を律するトレーニングだと思って、しばらく我慢するようにしてください。我慢できればできるほど、自信もついてくると思いますよ。

43

「私なら
何でもできる！」
と思うには

自信がある人は、何事もグズグズしません。スピーディに取りかかります。たとえば、どうしてもやりたくない仕事でも、どうせやらなければならないのだとしたら、自信のある人は、すぐに取りかかります。さっさと片づけたほうが、気分がスッキリすることを知っているためです。

グズグズと先送りすると、どうなるでしょうか。

「イヤだなあ、やりたくないなあ、どうにかならないのかなあ……」という気分がずっとつづくことになります。仕事を終わらせるまで、この気分は消えません。こういうネガティブな感情をいつまでも抱え込んでいると、自信はつきません。ですから、さっさと片づけることが正解になります。

ネガティブな感情を抱え込まないために

カナダにあるアルバータ大学のロバート・クラッセンは、カナダとシンガポールの大学生1145名を対象に調べたところ、レポートや課題を先送りする傾向のある人は、自己効力感（私なら何でもできる、という信念）が低くなることがわかりました。また、自尊心も低くなる傾向があり、しかもそういう人ほど学業の成績も悪かったのです。

ですから、やりたくないことは、真っ先に片づけてしまいましょう。そのほうが、ネガティブな感情を引きずらなくてすみますし、自分も気分がいいと思いますよ。後回しにすればするほど、どんどん気分も落ち込みますから。

*

家事もそうですね。

お風呂やトイレの掃除をしたり、食器の後片づけをしたり、洗濯をしたり、干したものをきちんと畳んだりするのが好きな人はあまりいないのではないかと思うのですが、自信のある人は、さっさと取りかかって、さっさと終わらせてしまうものです。

先ほど、好きなことは後回しにするというお話をしましたが、やりたくないことの後には、ごほうびを用意しておくといいですね。

たとえば、家事を終わらせたら、後はのんびりとテレビでも見ていていい、というごほうびがあれば、家事をするのもそんなに苦痛ではありません。

仕事をするのが大好きという人も、そんなにいないと思うのですが、頑張った後には冷えたビールが待っているとか、楽しみにしていたDVDを見ていいというごほうびがあるのなら、やりたくない仕事でもホイホイと片づけられるものです。

ゲームが好きな人なら、仕事、ゲーム、仕事、ゲーム、というようにやりたくないことの間には、自分の好きなことをサンドイッチのように差しはさむようにすると、楽しく仕事もできるのではないかと思います。なにしろ、仕事が終われば、その後には楽しみが待っているのですからね。

44

「たいていのことは自力で解決できる！」と信じよう

神さまを信じたり、宗教に頼ったりするのは、心が弱いからです。

自信がある人は、自分のことを信じているので、そういうものにすがることはありません。人生というものは、自分の力で切り開いていけるのだ、という確固とした信念があるので、わざわざ「神さま、私の人生をどうにかしてください」と他力本願な考え方はしないのです。

自信をつけたいのなら、すぐ何かに頼ろうとするのをやめましょう。

たいていの問題は、自力で解決できます。そう信じることです。全力で取り組めば、どんな問題でも解決できます。神さまやら、幸運が起きることを期待してはいけません。そういう超自然的なものに頼っているうちは、自信はつかないでしょう。

神さまがいてもいなくても、どうでもいい？

ルイジアナ技術大学のジェリム・トバシックは、神さまやら仏さまやら迷信のような存在を信じている人ほど、自己効力感が低くなってしまう傾向を突き止めました。

「私なら、できる」と信じている人は、神さまがいてもいなくともどうでもいいのでしょう。

あえて無神論者にならなくてもいいと思いますが、神さまに頼りすぎるのは考えもの。

自分でできることは何でも自分でやってみて、そのうえで、後はどのような結果になろうと神さまにおまかせする、というのならまだ話はわかるのですが、最初から神頼みというのは、まことに情けないと思いませんか。そういう人が自信を持てないのも、当たり前といえば当たり前のことなのかもしれません。

自分でやれることは全部やっておくようにすれば、黒猫を見かけようが、靴の紐が切れてしまおうが、カラスが鳴きわめいていようが、ビクビクすることもありません。自分の力を信じているので、そういう根拠のない迷信に惑わされることもないのです。

あまりにも信心深いとか、あまりにも迷信深いという人は、気をつけてください。

＊

みなさんは、もっと自分の力を信じてください。神さまや迷信に頼るのは、最後の最後の最後の最後です。

もちろん、神社にお参りに行ったりするのは、まったくかまいません。ただし、手を合わせるときには、「神さま、いつもありがとう」とお礼や感謝をすべきであって、「なにとぞ、私を助けてください」といった、ムシのいいお願いをするのはやめておきましょう。自分ではまったく何の努力もしていないのに、神さまに頼ろうとするのは厚かましい人のすることです。

自信のある人も、神さまの存在を信じているかもしれませんし、何らかの信仰があるかもしれませんが、神さまの力で自分の人生をどうにかしてもらおう、とは思っていないもの。

自分の人生を切り開くのは、自分の力。そう信じることが大切です。

コラム 4

自信の「裏づけ」はどこからくるの？

自信を持つためには、その裏づけとなる根拠がなければなかなか難しいでしょう。

根拠がないと、自信を持とうにも、あやふやな自信しか持てませんから。

簡単に自信を持つ方法がないわけでもないのですが、基本的には、苦しい思いをくぐり抜けることによって自信は生まれます。

スポーツと勉強がいい例だと思うのですが、努力は人を裏切りません。努力すれば、だれでも自信を持てるようになります。

スポーツの場合ですと、毎日何時間もの厳しいトレーニングを乗り越えてきたとか、特別な技術を磨くための猛特訓をしたとか、そういう裏づけがあるから、自信も持てるのです。

まったく何の訓練もしていないのに、ただなんとなく自信が生まれてきてしまった、ということはあり得ません。もし何もしていないのに自信がついてきたのだとしたら、それは自信ではなくて、妄想です。

受験もそうで、眠いのを我慢してそれでも歯を食いしばって数式を覚えたとか、手が腱鞘炎《けんしょう》になるくらい英単語を紙に書いて覚えた、という事実の裏づけがあればこそ、「絶対に合格できる！」という自信を持てるのではないでしょうか。


ジョージメイソン大学のトーマス・ケインは、レスリングの合宿に参加した選手（経験年数平均6・9年）216名に、10の技についての自信（たとえば、「私は、相手に押さえられてもうまく抜けだすことができる」など）を聞きました。また、合宿中におこなわれた試合の記録と、制限時間切れのサドンデスの記録を分析しました。

その結果、いろいろな技に自信のある人ほど、実際に試合でも勝率が高く、サドンデスでも負けない、ということがわかりました。

では、レスリングの選手たちが、どうやって自信を手に入れたのかといえば、当然、ハードトレーニングによって、です。毎日、苦しい思いをしてひとつひとつの技を磨きに磨いて、それによって自信が生まれるのです。

苦しい思いをするのは、だれだってイヤですよね。

私だって、苦しい思いをするのはイヤですよ（笑）。人間ですから。

ですが、そういう苦しさを乗り越えて手に入れた自信は、本物の自信と言ってよく、そういう自信は少々のことではゆるがない自信になります。

本書では、いろいろとお手軽に自信をつける方法も紹介していますが、苦しさを乗り越えなければ手に入らない自信というものもあります。

たとえば生まれつき顔だちが整っている人は、自分の魅力に自信を持てるかもしれませんが、頑張ってメーク術を学んだり、ファッションの勉強をしたり、大変な思いをしてダイエットに成功したりして魅力的になった人が得られる自信に比べれば、やはり自信としては弱々しいもの。

もし自信にいろいろなレベルがあるとすれば、苦しさを乗り越えて手に入れた自信は、まさしく最高レベルの自信と言っていいでしょう。

ぜひあなたも、そういう自信を手に入れてほしいと思います。

第 5 章

ゆるぎない自信を手に入れる

45

「品のない言葉」も、
時と場合と
相手によっては

格闘技やプロレスの試合では、対戦相手に向かって、挑発的な言葉や、侮蔑の言葉をぶつけることがあります。「殺してやるぞ、このヤロー!」といったセリフです。

こういう言葉は、英語で「トラッシュ・トーク」と呼ばれていて、ちょっぴり品がない言葉ではあるのですが、自分を奮い立たせる効果があることがわかっているので、時と場合によっては、使ってみるのもアリだと思います。

「トラッシュ・トーク」は効果的

フロリダ州立大学のベン・コンミーは、40名の実験参加者に、アメリカンフットボールのゲームをやらせてみました。

ただし、半数は、ゲーム中にはずっと黙ってプレイしてもらいました。声を出してはいけない条件です。残りの半数には、ゲーム中に、トラッシュ・トークをどんどん口にしてもらいました。

「ぶっ殺すぞ!」

「ねじ切ってやる！」

「けちょんけちょんにしてやる！」

などと口に出しながらプレイさせたわけですね。

さて、プレイが終わったところで、自信の測定をしてみると、なんとトラッシュ・トークを口に出した条件のほうが高くなることがわかりました。威勢のいい言葉を口に出していると、自信もそれに合わせて高まってしまうのです。


大半の読者のみなさんは、きっとふだん、できるだけ上品に振る舞っていると思います。

言葉づかいも、なるだけ丁寧に、悪く思われないよう気をつけているのではないでしょうか。

けれども、自信をつけたいのであれば、もちろん時と場合と、それから相手にもよりますが、気風のいい言葉を口に出してみるのも、けっして悪くはないのです。

「てやんでえ、べらんめえ」口調でしゃべっていれば、不思議に自信が出てくることが予想されますから。

＊

私は大学の先生をしていて、学生がザワザワしているときには、「ちょっと静かにしてください」と最初は丁寧な言葉を使うのですが、それでも騒がしいときには、「おい、うるせえ」とちょっと汚い言葉を使います。

すると、いっぺんに教室が静まり返ります。しかも、学生が言うことを聞いてくれたということで、口には出しませんが、私は気分がよくなり、誇らしい気持ちになれるのです（笑）。

「下品な言葉を使おう！」などというアドバイスが載せられた自己啓発書は、たぶん本書くらいしかないと思うのですが、この方法は本当に効果的ですので覚えておくといいかもしれません。

46

強くて勇ましい「情熱の色」を身にまとう

自信がない人は、赤色の洋服を身につけたり、赤色の小物を持ったりするようにするといいですよ。赤色というのは、燃える情熱の色であり、勇気を引き出してくれる色ですからね。

赤色でイメージするものといえば、ヒーロー戦隊のリーダーの色だったり、ナポレオンだったり、アントニオ猪木さんではないでしょうか。

赤を身にまとう人は、強くて、勇ましい人を連想するのが普通です。弱々しい人を連想する人はいないでしょう。

赤色を身につけていると、自分の心が燃えてきて、自然と「私なら、負けない」という気分になれるのです。

パフォーマンスを高める最強色

面白い研究をひとつご紹介しましょう。

英国ダラム大学のラッセル・ヒルは、2004年のアテネ・オリンピックでおこなわれたグレコ・ローマンスタイルのレスリング、フリースタイルのレスリング、テコンドー、ボクシングの4競技について、全試合の結果を集めました。その合計457試合の結果を分析してみたのです。

この4つの種目では、競技者が赤いウェアか、青いウェアを着ることになっていたのですが、なんと4つの競技すべてで、「赤いウェアの競技者のほうが、勝率が高い」ということが判明したのです。赤いウェアの競技者の勝率は55%で、青いウェアの競技者の勝率は45%だったのです。

ウェアが何色かによって勝率が変わってきてしまうのですから、これは明らかに不公平ですよ。オリンピック委員会は、早急に競技者のウェアの色を変えなければなりませんね。明らかに赤色は有利なのですから。

この研究でわかる通り、赤色は、私たちの力を引っ張り出して、パフォーマンスを高めてくれる色ですので、私たちもこの効果を積極的に利用したいものです。ただ赤色のものを購入すればいいのですから、とても簡単です。

もちろん、上から下まで、全身を赤色で統一する必要はありません。洋服でなくともかまわないのではないか、と私は思っています。

ネクタイでも、赤色はちょっと派手ですし、スーツが赤色となると、メイプル超合金のカズレーザーさんくらいしか着ることはできないでしょう。

私たちは、もっと無難なところで、たとえば、ペンケースとか、メガネケースとか、クリアファイルとか、その辺のところで赤色にすればいいと思います。

*

そういえば、お守りはたいてい赤色ですよね。

なぜ、お守りが赤色なのかというと、お守りを必要とする人は、たいてい不安であったり、悩みごとを抱えていたりするので、そういう人たちに自信をつけさせる色といえば、これはもう赤色しかないのです。

47

さらりと言い返し、「こいつは手ごわい」と思わせよう

たとえ冗談でも、もし自分に対して何らかの皮肉、悪口、暴言、批判などをされたときには、必ずやり返すようにしてください。

「お前って、ジャガイモみたいな顔してるな」

「お前だって、ナスみたいな顔してるぞ」

こんな感じで、すぐにさらりと言い返すのです。あまり感情的にならずに、さらりと言い返すのがポイントです。

なぜ、言い返したほうがいいのでしょうか。

大目に見てあげて、相手を許してあげるほうがよさそうな気もしますが、それではいけません。なぜなら自信を失ってしまうからです。

「ドアマット効果」を受けないために

ノースウェスタン大学のローラ・ルーチーズは、人を許すことはたしかにいいことなのかもしれませんが、相手を許しすぎると、自分の価値が下がってしまうこともあると指摘しています。いつでも仏の顔を見せていればいい、というわけでもないのです。

ルーチーズは、この現象を「ドアマット効果」と名づけています。ドアマットのように、いつでも他人に踏みつけにされていたら、自信をなくしてしまうのです。ですので、時と場合にもよるでしょうが、できるだけやり返すようにしましょう。

やり返すようにすると、相手も、「こいつは手ごわい」と感じてくれて、皮肉や悪口を言わなくなってくれます。こちらが言い返さないと、相手は調子に乗りますし、何度もあなたを軽んじた発言をくり返すでしょう。その結果、どんどん自信を失ってしまうのです。

*

とっさにやり返すことができない人は、「もしこんなふうに言われたら、こんなふうにやり返そう」というセリフを事前に考えておくといいですよ。

あらかじめ切り返し文句を考えておいて、それを丸暗記しておけば、いざというときにも、さらりと言い返すことができますから。

本屋さんに行くと、切り返しの話術について書かれた本はいくらでも見つかるでしょうから、そういうものを買ってきて、よさそうなセリフを片っ端から覚えておくのもいいでしょうね。自分でセリフを考える手間が省けます。

相手が上司や先輩だと、やり返していいのかどうか迷ってしまう、という人もいるでしょう。

そんな人に役に立つのが、「課長、それってパワハラですよ」「先輩、それってセクハラですよ」というセリフ。最近では、ハラスメントに対する意識も高まってきているので、こういうセリフでやり返されると、たいていの人は、ハッとして、自分がひどいことを言ってしまったことに気づいてくれます。

ともあれ、やられたときには泣き寝入りせず、きちんとやり返すクセをつけましょう。それが自信を高める方法です。

48

井の中の蛙《かわず》として生きていく

世間的に名の通った一流企業に就職したいと思う大学生は多いと思うのですが、私は、そんな大学生たちに、「いや、そういうところに就職すると、大変だぞ」とアドバイスするようにしています。

超がつくほどのブランド企業になると、当然、優秀な人があふれ返っているわけで、そういう人たちと競争して出世していくのは、非常に大変だと思うからです。

周囲に優秀な社員がいれば、どうしても自分自身と比較してしまいますし、そのたびに自尊心が傷つきます。そんな状態で楽しく仕事などできるわけがありません。毎日が、針のむしろのような状態であれば、精神的にもよろしくありません。

というわけで、小さければ小さい会社であるほど望ましいと私は考えています。それこそ新卒採用されるのが自分だけといった会社がいいでしょう。

「井の中の蛙《かわず》大海を知らず」ということわざがあります。

小さな世界に生きていると、自分が小さくなってしまうという意味で、たいていは悪い意味で使われます。

けれども、井の中の蛙で何が悪いのでしょうか。井の中の蛙になって、「僕は、すごく大きいんだぞ!」と威張っているほうが、自尊心を高く持つことができるのですから、はるかに好ましいではありませんか。

「フロッグ・ポンド効果」

「フロッグ・ポンド効果」という心理学用語があります。

カナダにあるサイモン・フレーザー大学のキャシー・マクファーランドの造語なのですが、「小さな池のカエルは、大きな池のカエルより強そうに見える」という心理効果のことです。

小さな池では大きなカエルでも、大きな池に行けば、ものすごく小さく見えてしまうわけで、カエルにとってみたら、小さな池で暮らしたほうがしあわせなのです。

たくさんの人がいて、競争が激しいところは、本当に大変です。なるべく避けたほうが賢明でしょう。そういうところにいると、自分が小さく見えてしまいますから。

＊

一方で、できるだけ人が少なくて、そもそも競争する相手がいない、という状況のほうが、自分を大きく見せることができますし、自分でも大きな人間だと思い込むことができます。

「敵がいない」というのは、本当にありがたいことですよ。自分を小さく感じることがないので、周囲に引け目を感じることもありません。のびのびと仕事ができます。

受験でもそうで、ムリをしてエリート校に入学しても、入学後にずっとビリなら、自信を失ってしまいます。それならひとつランクを落として、そちらの学校でトップクラスにいたほうが、ずっとしあわせではないでしょうか。

49

まずは、
簡単なことを
ポンポンと片づける
ことから

自分の能力を伸ばすためには、困難な課題にもどんどんチャレンジしていく勇気が必要です。ビジネス本にもそんなことが書かれています。

けれども、本書は自信のない人が自信をつけるためにどうしたらいいかを説く本ですから、まったく逆のアドバイスをしましょう。

難しい問題ではなく、ものすごくたやすくポンポンと片づけられる問題に取り組むのです。ポンポンと片づけることができるのは、本当に気持ちがいいですよ。「俺って、意外にすごいじゃん」「私って、意外にやるわね」と思うことができますし、当然自信もついてきます。

ドラゴンクエストのようなロールプレイングゲームでは、序盤はポンポンとレベルが上がります。レベルがどんどん上がっていくのは、強さの伸びも実感できますし、まことに気持ちがいいものです。

難しい問題は「おあずけ」しよう

仕事でも勉強でもそうですが、最初は、もう絶対に間違えようがないくらいに簡単なものばかりこなすのがポイントです。数学でいえば、難しい応用問題などやらずに、単純な計算問題ばかりをこなすのです。そうすれば、数学の力に自信を持てます。難しい問題にチャレンジするのは、相当に自信がついてからでいいでしょう。それまでは、難しい問題など、見向きもせずに、おあずけしておくのが正解になります。

カーネギーメロン大学のドン・ムーアは、255名の大学生に、知識を問う教養問題を10問やらせてみました。ただし、片方の問題はすべてやさしい問題ばかり（例：ベルリンはどの国の首都ですか？ 正解は「ドイツ」）。対して、もう片方の問題はすべてかなりの難しさでした（例：アゼルバイジャンの首都はどこですか？ 正解は「バクー」）。

さて、問題を解いてもらったところで、自信のほどを尋ねてみると、やさしい問題を解いたばかりの人は自信がついて、難しい問題に取り組んだ人は自信がなくなることがわかりました。

それはそうですよね。10問すべて正解できたと思えば自信もつきますが、まったく手も足も出ないとなれば、自分の教養に自信など持てるわけがありません。

＊

仕事で自信が持てない人は、ひょっとすると難しい仕事ばかりをやろうとしていませんか。あるいは、ものすごく達成困難な目標を掲げていたりしませんか。

そんなことをしているから、自信もつかないのです。

自信をつけたいなら、もっとたやすくできる仕事をやるべきです。または、もっと簡単にやる方法がないか、考えてみましょう。

仕事を片っ端から終わらせることができると、絶対に自信がつきます。相当に自分のレベルが上がったと思ったら、少しだけ難しい仕事にチャレンジすればいいのです。もちろん、「これは難しい」と感じたら、また簡単な仕事に戻りましょう。ムリに難しいことをやろうとしても益はありませんからね。

50

高級品をひとつ持つだけで、意識のランクが引き上がる

安っぽい服を着ていたら、他人から安く見られます。それればかりでなく、自分自身のことも、あまり価値のない人間だと思うようになってしまいます。安くてもいい服はたくさんありますが、そうは言っても、せめてひとつかふたつくらいは高級ブランドを身につけたいものです。

米国ウェイン州立大学のジェフリー・マーティンによると、外見に気をつけている人ほど、社会的な不安を感じにくいそうです。

服装に気をつけていれば、人に会っても恥ずかしくありませんし、ビクビク、オドオドすることもありませんし、堂々としていられるのです。

そういうわけで、ビジネスバッグでも、腕時計でも、ベルトでも、ネクタイでも、スーツでも、靴でもかまいませんが、ひとつはブランド物を身につけるようにするのです。

意外なほど「見た目」は重要

不思議なもので、ブランド物を身につけていると、「私は、高級品を身につけることのできるランクの人間なのだ」という意識が強化され、自分の地位が上がったように感じるのです。

それが自己価値を高め、自信につながります。

「人間は、内面が重要なのだ。見た目など、関係ないのだ」という乱暴なことを言う人も時折いるのですが、見た目は非常に重要です。安っぽい服を着ていたら、自信を持ちたくとも、持つことはできません。むしろ、内面はどうでもいいので、見た目のほうを磨きましょう。

ブランド品を買うのは、たしかに少しだけお金がかかります。

けれども、それによって自信が高まるのなら、ずいぶん安い買い物です。

他ならぬ自分自身の、それも生きていくうえで一番重要な「自信」が手に入るのです。ダイエットなどと違って努力もいりません。ただブランド品を買うだけで、確実に自信がつくのだと思えば、多少お金はかかっても気にならないでしょう。

＊

私も若いころには、「洋服なんて、どれも一緒だ。ただブランド名が入っているだけで高いのなら、そんなものはほしくもない」と思っていました。しかし、安いスーツを着ていると、なんだか自分が貧相な人間のように感じられて、人にも強く出ることができませんでした。

ところが、ブランドの服を着るようになってから、自分でもびっくりするくらい自信を持つことができるようになりました。本当に驚くほどの効果です。もし読者のみなさんが、あまりブランド物に興味がないのだとしたら、ぜひこの機会に興味を持つようにしてください。

ブランド品を身につけると、大げさに言うと、まるで自分が王侯や貴族にでもなったような気分になれます。

私たちの自己意識は、自分がどんな服装をしているのかによって、大きく変わるのです。

51

あやしげなものも、
信じれば
その通りの効果が

雑誌を見ていると、後ろのほうに、なんだかあやしげな商品の広告が載せられていることがありますよね。幸運をもたらしてくれるパワーストーンですとか、女性にモテモテになってしまうブレスレットですとか、「本当にそんな効果があるのかな？」と思わずにはいられない商品がずらり。

おそらく、大半の読者はそういう商品には効果などはまったくないと疑っていると思います。

けれども、心理学的には、本当にまったく効果がないとも言い切れないのです。本人がその商品を「本当に効く！」と信じていれば、それなりに効果も出るだろうと思うのです。「鰯《いわし》の頭も信心から」と言われますが、信じていると本当にそういう効果が出るのです。

ウソでも、ラベル通りの力が高まった

ワシントン大学のアンソニー・グリーンワルドは、ポスターや新聞広告で実験参加者を募集し、5週間、市販のサブリミナル・テープを聞いてもらい

ました。

あるグループの人には、「自信がつく」テープを、別のグループの人には「記憶力を高める」テープを聞いてもらいました。そして5週間後、「どれくらい効果がありましたか？」と聞いてみると、なんと50％の人が「効き目があった」と答えたのです。

ところが、じつは、グリーンワルドが手渡したテープは、ラベルが変えられていました。つまり、自信がつくテープの中身が本当は記憶力を高めるテープで、記憶力を高めるというラベルの貼られたテープは、本当は自信がつくテープだったのです。

実験参加者は、まったく関係のないテープを聞かされていたわけですが、ラベル通りの力が高まったと感じたのです。

*

こういう理由によって、私は、あやしげな商品でも通信販売で買ってみるのも、ひとつの方法かな、と思うのです。本人がその効果を信じれば、本当にその効果が見られるかもしれませんので。

たとえば、女性にモテモテになるというブレスレットを購入したとします。そして、そのブレスレットには本当にご利益があると信じ切っている人がいるとしましょう。

すると、その人は女性に対して自信を持ち、堂々と臆せずに話しかけたりすることができるかもしれません。その結果として、女性と知り合いになれたり、お付き合いができたりすることもあるでしょう。

ブレスレット自体には何の効果がなくとも、本人の期待によって行動が変われば、本当に女性にモテるようになるのです。

あやしげな商品だからといって、「こんなのは詐欺だ」と切り捨ててしまうのもどうなのでしょうか。

ときには、上手にだまされてみて、「よし、これで僕の自信もアップするはずだ！」と思い込むのも、けっして悪くはないと思いますよ。

52

意識ではなく、行動を変えることから始めよう

自信がない人は、自分の思い込みを変えようとします。「もっと前向きになろう」「もっと積極的になろう」「もっと自信を持とう」と。

しかし、思い込みはそんなに簡単に変わるものではありません。そういう努力はすべてムダとは言いませんが、思い込みを変えようとしても変わらないと思います。

それよりも大切なのは、まず行動を変えること。

行動を変えれば、思い込みのほうも、行動に合わせて変わってくるものです。思い込みを変えるから行動も変わるのではなくて、行動を変えるから思い込みも変わるのです。

行動が変わると、思い込みも変わる

スタンフォード大学のマイケル・ニューマンは、人前でしゃべれないとか、パーティに参加できないとか、公共の場所で食事をするのが苦手、といった症状を示す社交不安障害と診断された36名に実験参加を求めました。

普通、カウンセリングやセラピーでは、悩みの相談を聞きながら、本人の思い込みを変えていこうとするものですが、ニューマンは違いました。純粋に行動だけを変えるように指示したのです。

ニューマンは、毎回のセッションで、まず本人に「これならなんとかできる」という行動を決めてもらいました。参加者は、それを宿題とし、翌週のセッションまでにやってくるのです。うまく宿題をクリアできたら、翌週にはまた別の行動的な宿題を出す、ということをニューマンはくり返しました。

たとえば、「1日に3人の人に挨拶をする」とか、「道に迷ったふりをして、知らない人に道を尋ねてみる」といった宿題を決めて、それを実行するのです。

ニューマンは8週間のセッションをおこなったのですが、行動を変えるようにすると、参加者たちの思い込みも変わってくることがわかりました。「自分はシャイだ」と思い込んでいた人も、積極的に人に話しかける宿題をこなすうちに、「けっこう社交的になれるものだな」と気づき、本人の思い込みも変わってきたのです。

読者のみなさんも、思い込みを変えようとするのをやめましょう。

それよりも行動を変えたほうが、絶対に自信はつきます。そして、行動を変えれば、しみついた思い込みも変わってくるものです。

「こうすれば自信がつきそう」と思うような宿題を、自分なりに決めてください。その際には、行動として、実践できるような形で決めなければなりません。「勇気を出す」といった抽象的な宿題にしてしまうと、いったい何を、どうすればいいのかわかりませんので、もっと具体的に決めなければなりません。「知らない町の駅で降りて探検してみる」「電車の隣に座った人に、『こんにちは』とだけ声をかける」のように、具体的に取り組めるものにしましょう。

*

毎週、必ず宿題を決めて行動するようにすれば、だいたい2か月ほどで自信もついてくるでしょう。

コラム

5 ポジティブな言葉かけは逆効果

自己啓発本を読むと、自分自身にポジティブな言葉かけをしましょう、といったことが書かれています。

「私なら、絶対にうまくいく」

「私は、だれからも愛される」

こんな感じのことを、自分に言い聞かせるといいよ、というのですね。けれども、こういうポジティブな言葉かけは、自信のない人はやらないほうがいいのです。なぜなら、もっと落ち込んでしまうから。

自信のない人は、「私なら、うまくいく」と思い込もうとしても、すぐに「でも、次もやっぱりダメなんだろうな……」と否定してしまいます。

ようするに、ポジティブになろうとすると、かえってネガティブになってしまうのです。

ポジティブな言葉かけの効果

	自尊心テストで高得点	自尊心テストで低得点
「役に立つと思いますか？」	5.93	4.48
「気分がよくならず、むしろ悪くなりますか？」	2.23	3.64

数値は8点満点（出典：Wood, J. V., et al., 2009 より）

カナダにあるウォータールー大学のジョアン・ウッドは、２４９名の大学生に自尊心を測定するテストを受けてもらい、さらにポジティブな言葉かけについて、「役に立つと思いますか？」「気分がよくなるというよりも、逆に悪くなることもありますか？」と聞いてみました。

すると、上のような結果になりました。

データを見ればわかる通り、ポジティブな言葉かけは、「自信のある人」には効果的なのですよ。けれども、自信のない人には逆効果なのです。

自信のある人は、すでに自信があるわけですから、ポジティブな言葉かけなど、本当は必要としていません。ポジティブな言葉かけが必要なのは、むしろ自信のない人でしょう。ところが、自信のない人は、ポジティブな言葉かけをしようとすると、どうも裏目に出るようです。

読者のみなさんも、もし自分自身にポジティブな言葉かけをやってみて、かえって気分が落ち込んでしまうようなら、ポジティブな言葉かけをやめたほうがいいですよ。自己啓発本にはポジティブな言葉かけがいいと書かれているかもしれませんが、やらないほうがいい人もいるのです。

何回かポジティブな言葉かけをやってみて、「自分には向かないな」と思ったら、別のやり方で自信をつけるようにしてください。

自信をつける方法は、本書でも紹介しているようにもいくらでもありますから、ポジティブな言葉かけにこだわらなくても大丈夫なのです。

第 6 章

さらに自信を強化する

53

自分は、もっともっと素晴らしい

街中を歩いていると、時折、目の覚めるような美女と、ハンサムとはお世辞にも言えないゴリラのような男性が連れ立っているのを見かけることがあります。まさしく「美女と野獣」のカップルなのですが、どういうことなのでしょう。

心理学的に分析すれば、おそらくその男性は、自分に自信のある人なのでしょう。自信があるからこそ、美女のハートを射止めることができたのだ、と解釈できます。

自信のある人は、自己評価がとても高いので、「こんなに素晴らしい自分には、素晴らしい女性でないと釣り合わない」と本気で思っています。そのため高嶺《たかね》の花だろうが、積極的にどんどんアプローチします。女性は、その熱意に根負けし、やがてグイグイくる男性に心惹かれお付き合いすることになるのでしょう。

その点、自信のない人は、自己評価もびっくりするくらい低いので、美女を目の前にすると腰が引けてしまいます。「自分になんて、こんなにハイクラスの女性はとてもムリ」と最初からあきらめて、声もかけません。そのため、

理想のパートナー

	パーフェクトな人が理想	思いやりのある人が理想
ナルシスト	13人	9人
ナルシストでない	5人	15人

（出典：Campbell, W. K., 1999 より）

お付き合いすることなど当然できないのです。

理想は高く！

ノース・カロライナ大学のキース・キャンベルは、NPIというナルシシズムを測定するテストを受けてもらって高得点だった人と、そうでない人にわけて、理想のパートナーについて尋ねてみました。

見た目も性格もパーフェクトな人と、思いやりのある人のどちらを理想とするかを比較してみると、上のような内訳になりました。

ナルシストほど、理想が高いことがわかりますね。

自信を持ち、勇気を出して行動しないと願いはかないません。つまり自信のある人のほうが、恋人づくりもうまくいくと考えていいでしょう。

＊

ここには恋愛のデータを紹介しましたが、仕事でも同じ結果になります。自信のある人は、何事に対しても積極的ですし、理想を高く持ちます。そのため、大きな業績をあげることができるのです。

その点、自信のない人は、最初から腰が引けていて、高い理想など、そもそも持とうとしませんし、結果として、たいしたものも得られません。

もっと自己評価を高く持ちましょう。「自分は素晴らしい人間なんだ」と信じ込み、自分に高い得点をつけましょう。そうしないと恋愛も仕事もうまくいかなくなってしまいますよ。

54

「思い込み」という自己暗示の力

思い込みというのは、本当にすごいですよ。まったく根拠がなくとも、本人がそう思い込んでいると、それが実際の行動に影響を与えてしまうのですから。自己暗示の力は相当に強力なのです。

無視できないパフォーマンスへの影響力

アリゾナ大学のジェフ・ストーンは、ゴルフ未経験者の男女40名ずつに集まってもらい、ミニチュアのゴルフをやってもらいました。

参加者には、白人も黒人もいたのですがストーンは、半数の人にはこのように伝えました。

「ゴルフがうまいかヘタかには、知性が大いに関係しているのです」

残りの半数には、次のように伝えました。

「ゴルフがうまいかヘタかには、身体能力が大いに関係しているのです」

一般に、白人は「知性」に自信があって、黒人は「身体能力」に自信があるものです。

彼らは全員ゴルフ未経験者でしたが、知性が関係していると言われた白人は、「それなら、白人に有利なスポーツなのだな」という思い込みを持たされ、身体能力が関係していると言われた黒人は、「なるほど、それなら黒人に有利なスポーツなのか」と思い込まされたことになります。

では、実際のパフォーマンスはどうなったのでしょうか。

ストーンは、全10コースを回ったストローク数を測定してみたのですが、まさに仮説通りでした。白人は、ゴルフが知的なスポーツと思わされたときにスコアがよくなり、黒人は、ゴルフが身体能力で決まるスポーツだと思わされたときにスコアがよくなったのでした。それぞれ、だいたい4打ほどスコアがよくなったのです。

ですから根拠などなくとも、「そういうもの」という思い込みを持つと、それが実際のパフォーマンスに影響するので気をつけたほうがいいでしょう。

＊

そういえば、一般に、「男性は数学が得意で、女性は数学が苦手」と考えられていますが、こういうステレオタイプを信じている女性は、本当に数学の成績が悪くなってしまうらしいですよ。気をつけなければなりません。

どうせ思い込みを持つのなら、ポジティブな思い込みが一番。ポジティブな思い込みなら、根拠がなくとも大歓迎して受け入れましょう。

私は、血液型占いをこれっぽっちも信じていない人間なのですが、たまたま読んだ占いの本の中に、「AB型には天才が多い」と書かれていたことだけは信じています(笑)。私はAB型なので、自分が天才だという思い込みを強化してくれることだけは信じるようにしているのです。

なんとも都合のいい話だとは自分でも思うのですが、自信をつけるにはそれくらいでいいとも思っています。

55

自分への「言い訳」と「正当化」をやめてみる

やる前から、失敗したときのことを考えて言い訳をする人がいます。

こういうのを「セルフ・ハンディキャッピング」と呼びます。自分にはハンデがあるのだから、失敗するのも当たり前だというわけですね。

けれども、こういう見苦しい言い訳をする人は、たいてい自分に自信がない人です。勝負をする前からすでに白旗をあげているようなものですから、自信がつくわけがないのです。

「セルフ・ハンディキャッピング」を克服する

テキサス大学のトッド・リスカは、体育学部の学生189名にランニングの試験をさせたことがあります。その際、リスカは、どれくらいセルフ・ハンディキャッピングをするのかも調べました。

「今日は体調が悪いからタイムはそんなによくないと思う」

「今日は、ちょっと集中できない気がする」

「昨日、よく眠れていないから」

こういう言い訳をするのかどうかを調べる一方で、自信を測定するテストも受けてもらいました。

その結果、自信のある人は、こういう言い訳を「しない」ことが判明したのです。

自信を持つためには、まだ何もやっていないのに言い訳するクセを直す必要があります。「どうせうまくいきっこない」と思っていたら、うまくいくわけがありません。「自分なら、絶対にいい結果が得られる」と信じなければ、本気を出せるわけがないのです。


自信のない人は、言い訳と正当化の名人です。

「理屈と膏薬《こうやく》は、どこにでも付く」という言葉があります。

自信のない人は、よくそんな言い訳をデッチあげられるものだ、と感心してしまうほどに、みごとな言い訳をこねくりだすものです。そういう言い訳を事前に用意しておくことで、自分が傷つかないように身を守っているのでしょう。

ただし、それをやっているうちには、自信などつくわけがありません。

我が身を振り返ってみて、どれくらい言い訳をしがちなのかを考えてみてください。何かをする前から、クセのように言い訳をしてしまう人は、そういうところを改めるようにしなければなりません。

＊

もし言い訳が頭に浮かんだら、「でも、やってみなきゃ、本当のところはわからない」と、すぐに打ち消すようにしてください。

言い訳しそうになるたび、言い訳をするのは自分が弱いからだ、ということを素直に認め、言い訳しそうになる自分を叱咤してください。

これをくり返していれば、少しずつ自信もついてくるでしょう。

56

未来のことは、
だれにも
わからないのだから

起業家として成功する人は、根拠がなくとも「自分なら事業を成功させることができるだろう」と思い込んでいる人です。自分でそう信じているので、本当にうまくいってしまうのです。

根拠があるかどうかは、あまり関係ありません。根拠などいらないので、とにかく自分はうまくいくのだと信じましょう。曖昧でも、漠然としていても、かまいません。「なんとなく、俺ならうまくいっちゃうと思うんだよね」と思うようにすることが大切です。

「いつかは夢がかなうはず」

米国インディアナ州にあるボール州立大学のドリュー・ヴェルティングは、「いつかは夢がかなうはず」と信じている人の10人中9人が、強い自信（積極性）を持てることを調査によって明らかにしました。

「根拠もないのに成功を信じるなんて、単なる妄想ではないか！」

そんなふうに思う人がいるかもしれませんが、妄想でもいいのです。第一、人生というものはやってみないとわからないことが大半で、しかも自分がうまくいく根拠など、たいていの人は持っていません。

未来のことなど、だれも確実に予想できるわけがないのですから、確固とした根拠など、そもそも得られるわけがないのです。ほんのささいなきっかけで、結果は大きく変わりますからね。うまくいく根拠など、手に入りようがないわけです。ですから、根拠などなくともかまわないのです。

自信を持ちたいなら、「なんとなくうまくいってしまう」という予感を持つようにしてください。成功している人は、たいていそういう予感を大事にするものです。

*

ピカソは、画家として成功できるという根拠や見込みがあって、画家になろうと思ったのでしょうか。エジソンは、自分が偉大な発明家になれるという保証があって、発明家になったのでしょうか。どちらもきっと違うでしょう。おそらくは2人とも、最初は漠然とした予感しかなかったはずです。「なんとなく、自分ならうまくいきそう」という予感を大事にし、自分の夢に向かって努力を欠かさず、邁進《まいしん》しつづけたからこそうまくいったのです。

自分がうまくいくことを鮮明に心に思い浮かべることを「ビジョン」と呼びますが、ビジョンは妄想に他なりません。100%うまくいくという可能性など、どこにもないのですから、どんなビジョンも、妄想にならざるを得ないわけです。そして、それでぜんぜんかまわないのです。

たとえ妄想狂だと人に思われようが、それでもやっぱり「自分ならうまくいく」と思っていたほうがいいですよ。ソフトバンクの孫正義さんは、社員がまだ2人、3人しかいなかったころから、ミカン箱の上に乗って、「いつかは1兆円、2兆円を扱う企業になる！」と演説をぶっていたそうです。当時の社員は、きっと自分たちの社長が、少し頭がおかしくなったのではないかと思ったでしょうね。

「自分だって、いつかは夢がかなうはず」と信じましょう。そう信じるからこそ、自信もわいてくるのです。

57

ネガティブ感情は、大好きなスイーツですぐさまリセット

火事は、まだボヤのうちに消し止めてしまえば、大ごとになりません。最初の消火活動がとても重要なのです。放っておくと、もはや手がつけられなくなってしまいますから。

ネガティブ感情もそう。

ほんの少しでもネガティブな感情が頭をもたげてきたら、すぐにポジティブな気分になれることをしたほうがいいのです。

たとえば、仕事がうまくいかなくて気落ちしそうなときには、すぐに感情修復をします。陽気な鼻歌を歌ってみたり、おいしいものを食べたり、ゆっくりとお風呂に入ったり、友人に電話をかけたりと、とにかく自分が気持ちよくなれることをして、ネガティブな感情を打ち消そうと努力することが大切です。

ところが、ネガティブな感情になっても、気持ちを修復する努力をしない人が少なくありません。みじめな境遇が自分には合っていると思い込んでいるのか、ネガティブな感情をずっと味わいつづけるのです。

ネガティブ感情に身をゆだねない

カナダにあるウォータールー大学のジョアン・ウッドは、自尊心テストで高得点だったグループと、低得点だったグループに、ネガティブな感情を引き起こすシナリオを心に思い浮かべてもらう、という実験をしてみました。

恋人との別れ、だれ一人として自分の誕生日を覚えていなかった、仕事をクビ、大親友の引っ越し、といったシナリオを空想してもらうことでネガティブな気分になってもらったのですね。

次に、ウッドは、「こういう気分のとき、あなたは感情を修復しようとしますか?」と聞いたのですが、自尊心の低い人ほど、修復しようと「しない」ことがわかりました。自信のない人は、ネガティブ感情に身をゆだねてしまうようです。

ネガティブな感情に身をゆだねていたら、どんどん自信を失うに決まっています。自分のことも嫌いになってしまいますし、自分は価値のない人間だ、と思うようになってしまうように決まっています。

＊

ネガティブな感情は、さっさとリセットするようにしてください。

やり方は人それぞれだと思いますが、私の場合には、スイーツが大好きで、甘いものを食べればすぐにしあわせな気分になれます。そこで、気分がムシャクシャするようなときには、スターバックスで、キャラメルとホイップとチョコレートソースがたっぷりのフラペチーノを飲むことにしています。

私は単純な人間なので、大好きな食べ物を口にすると、すぐに自信も復活するのですが、読者のみなさんも、ぜひそういうものをひとつ自分で作っておくといいと思います。

簡単にしあわせになれる方法を持っていれば、いつ何時、ネガティブな感情が襲ってきても、まったく恐れることはありません。

58

心が傷つくことは、いくらでもあるけれど

自信がない人は、一生、自信がないまま暮らしていかなければならないのでしょうか。

いえいえ、そんなことはありません。

なぜなら、人間というものは変わるものだからです。見た目だって変わりますし、性格だって変わります。もちろん、自信もそうです。そう聞くと、少しは安心するのではないでしょうか。

それは、あくまでも一時的なもの

ロンドン大学のバーニス・アンドリューズは、32歳から56歳の女性102名を、7年間に渡って追跡調査をしてみたことがあります。

その結果、調査開始時点では、自尊心が低く、抑うつ的とされた79％の女性が、7年後にはわずか4％にまで減少することがわかりました。自信がない人も、7年もたてば、自信が持てるようになるという、まことに心強い研究報告です。

私たちの自尊心は、ちょっとした人生の出来事で変わるものです。

たまたまお客さんにホメられたとか、仕事で昇進したとか、素敵な恋人ができた、ということで自尊心は大きく変化します。けっして、ずっとそのまま、というわけではありません。

生きていれば、心が傷つくことなんて、いくらでもあります。

そのたび、自尊心が傷つき、自分に自信が持てなくなることもあるでしょう。

けれども、それはあくまでも「一時的」なものにすぎません。少し時間がたてば、そのうち自信もまた復活してくるのですから、そんなに気にしすぎることもないのです。

*

普通の人よりメンタルが強いと考えられるスポーツ選手だって、ときにはスランプに陥るのですよ。

そんなときには、慌てたり騒いだりせず、しばらく放っておけばそのうちまた復調するものです。

私たちも、自信をなくしそうになったときには、「スポーツでいう、スランプみたいなものだな」と軽く考えて、いつまでもずっとスランプがつづくわけではない、ということをきちんと理解しておくことです。理解しておかないと、スランプになったときにパニック状態に陥ってしまいますからね。

野球の場合ですと、スランプになったからといって、新しくフォームを変えたりしようとすると、よけいにスランプが長引く、ともいわれています。したがって、スランプになって自信をなくしたときには、たまたまちょっと風邪を引いたようなものだと考え、放っておいたほうがいいこともあるのです。

コラム

6 結婚はしあわせを2倍にする？

米国マサチューセッツ州にあるウェルズリー大学のポール・ウィンクは、女子大学生が卒業してから、27歳、43歳、52歳の時点で追跡調査をしてみたことがあります。何を調べたのかというと、性格の変化。ウィンクは、私たちの性格が、時間の経過によって、どのように変わっていくのかを知りたかったのです。

調べてみると、性格が変わるには、時間の経過というより、大きなきっかけが作用しているようでした。それは何かというと、結婚。結婚をすると、人は変わるのです。

それまでは、ちゃらんぽらんな性格の人でも、結婚をして、子どもを持つようになると、性格が一変します。子どもを育てていかなければなりませんから、いつまでもちゃらんぽらんではいられないのです。

ウィンクはまた、それまではあまり自信がなかった女性でも、結婚をして子どもを授かると、女性の多くは自信を持てるようになることも明らかにしました。オドオドしていた女性も、お母さんになると変わるのです。「母は強し」という表現は、どうも本当のことらしいですね。

結婚をすると、本当にいろいろ変わっていくことが、自分でもよくわかります。

変わろうと努力するわけではありません。勝手に変わるのです。おそらくは自分でもびっくりするくらいの変化です。

それまでは不良で、遊んでばかりいた女性が、結婚をしてから、ものすごくきちんとした母親に変わってしまうことも少なくありません。その変わりようには、周囲の人も驚くほどです。

最近は、若い人たちはあまり結婚したがらないという話も聞きますが、結婚するのはそんなに悪いことではありません。

「一人のほうが気楽」ということは理解できるのですが、結婚し、家庭を持つようになると、責任感も生まれますし、自信もつきます。実際、独身者に比べて、既婚者のほうが自信の度合いは高いという研究もあります。

自信をつけるためだけに結婚することもないと思いますが、もし結婚するチャンスがあるのなら、勇気を出して結婚してください。「結婚はしあわせを2倍にしてくれる」なんていうお決まりの言葉がありますが、自信が持てるようになるだけでなく、きっと幸福感も高めてくれるはずです。

○おわりに

本書は、自信をつけたいと願っている人のために、ほんの少しでもお手伝いができれば、という気持ちで執筆した本です。

自信を持てなければ、恋愛も、勉強も、仕事も、人生もうまくいきません。逆にいうと、自分に自信を持てるようになれば、たいていのことはうまくいくのであり、人生も変わるのです。

毎日、みじめな気持ちで生きていくよりは、自信を持って堂々と生きていってほしい。そんな願いをありったけ込めて執筆したつもりです。本書をお読みくださり、「少しだけ勇気がわいてきた！」と思っていただければ、著者としてこんなにうれしいことはありません。

さて、最後にもうひとつだけアドバイスしておくと、「自信を持つ」といっても、自信にもピンからキリまであるのであって、そんなに高望みはしないようにするといいですよ、ということです。

〝自信の塊《かたまり》〟のような人間になれなくてもいいではないですか。

今よりも、ずっとラクに生きていけるくらいの自信がつけばそれでＯＫ、というくらいに気軽に取り組んだほうが、自信をつける努力をするにしても、そんなに苦になりません。

ダイエットでいえば、10キロも20キロも痩せるのは難しくとも、５キロくらいならなんとかなる、という感じでしょうか。

自信をつけるときにも、「今よりちょっぴり自信をつけたい」という、ささやかな夢を持って取り組んだほうがうまくいくのではないかと思われます。

もちろん、大きく自信をつけられるのであれば、それに越したことはありませんが。


本書の執筆にあたっては、明日香出版社編集部の田中裕也さんにお世話になりました。この場を借りてお礼を申し上げます。

田中さんには、この本の姉妹編ともいうべき『気にしない習慣　よけいな気疲れが消えていく61のヒント』でもお世話になりました。前著が、どちらかというと「ネガティブな気持ちをゼロにする」ことを目指した本であるのに対して、本書は、「ネガティブな気持ちをプラスにまで持っていく」ことを目指した本です。

「自信をつけるというより、とりあえず気にしすぎてしまう気持ちをなんとかしたい」と思う読者には、ぜひ前著もお読みいただければ幸いです。きっと、さらにポジティブに人生を歩むことができることを保証しましょう。

最後になりましたが、読者のみなさまにもお礼を申し上げます。最後までお付き合いくださり、心よりお礼を申し上げたいと思います。本当にありがとうございました。

将来の先行きも不透明ですし、世界の情勢も何かと不安要素ばかりですので、なかなか自信を持ちにくい時代だと思います。ですが、そんな時代だからこそ、できるだけポジティブに考えるようにして、自信を持って前向きに生きていきましょう。それでは、またどこかでお目にかかれることを祈念しながら筆をおきます。

内藤誼人

Psychology ,85, 625-633.

Wilson, A. E. & Ross, M. 2000 The frequency of temporal-self and social comparisons in people's personal appraisals. Journal of Personality and Social Psychology ,78, 928-942.

Wilver, N. L., Summers, B. J., & Cougle, J. R. 2020 Effects of safety behavior fading on appearance concerns and related symptoms. Journal of Consulting and Clinical Psychology ,88, 65-74.

Wink, P., & Helson, R. 1993 Personality change in Women and their partners. Journal of Personality and Social Psychology ,65, 597-605.

Wood, J. V., Elaine Perunovie, W. Q., & Lee, J. W. 2009 Positive self-statements power for some, peril for others. Psychological Science ,20, 860-866.

Wood, J. V., Heimpel, S. A., Manwell, L. A., & Whittington, E. J. 2009 This mood is familiar and I don't deserve to feel better anyway: Mechanisms underlying self-esteem differences in motivation to repair sad moods. Journal of Personality and Social Psychology ,96, 363-380.

Zimmerman, B. J., & Ringle, J. 1981 Effects of model persistence and statements of confidence on children's self-efficacy and problem solving. Journal of Educational Psychology ,73, 485-493.

vulnerable college students. Cognition and Emotion ,18, 1121-1133.

Ryska, T. A. 2002 Effects of situational self-handicapping and state self-confidence on the physical performance of young participants. Psychological Record ,52, 461-478.

Schubert, T. W., & Koole, S. L. 2009 The embodied self: Making a fist enhances men's power-related self-conceptions. Journal of Experimental Social Psychology ,45, 828-834.

Seery, M. D., Silver, R. C., Holman, E. A., Ence, W. A., & Chu, T. Q. 2008 Expressing thoughts and feeling following a collective trauma: Immediate responses to 9/11 predict negative outcomes in a national sample. Journal of Consulting and Clinical Psychology ,76, 657-667.

Sendelbach, S. & Funk, M. 2013 Alarm fatigue: A patient safety concern. AACN Advanced Critical Care ,24, 378-386.

Smith, S. M. & Petty, R. E. 1995 Personality moderators of mood congruency effects on cognition: The role of self-esteem and negative mood regulation. Journal of Personality and Social Psychology ,68, 1092-1107.

Stepper, S., & Strack, F. 1993 Proprioceptive determinants of emotional and nonemotional feelings. Journal of Personality and Social Psychology ,64, 211-220.

Stinson, D. A., Cameron, J. J., Wood, J. V., Gaucher, D., & Holmes, J. G. 2009 Deconstructing the "Reign of Error": Interpersonal warmth explains the self-fulfilling prophecy of anticipated acceptance. Personality and Social Psychology Bulletin ,35, 1165-1178.

Stone, J., Lynch, C. I., Sjomeling, M., & Darley, J. M. 1999 Stereotype threat effects on black and white athletic performance. Journal of Personality and Social Psychology ,77, 1213-1227.

Tobacyk, J., & Shrader, D. 1991 Superstition and self-efficacy. Psychological Reports ,68, 1387-1388.

Van Yperen, N. W. 1992 Self-enhancement among major league soccer players: The role of importance and ambiguity on social comparison behavior. Journal of Applied Social Psychology ,22, 1186-1198.

Velting, D. M. 1999 Personality and negative expectancies: Trait structure of the Beck hopelessness scale. Personality and Individual Differences ,26, 913-921.

Weisbuch, M., Sinclair, S. A., Skorinko, J. L., & Eccleston, C. P. 2009 Self-esteem depends on the beholder: Effects of a subtle social value cue. Journal of Experimental Social Psychology ,45, 143-148.

Weitlauf, J. C., Smith, R. E., & Cervone, D. 2000 Generalization effects of coping-skills training: Influence of self-defense training on women's efficacy beliefs, assertiveness, and aggression. Journal of Applied

Libby, L. K., Valenti, G., Pfent, A., & Eibach, R. P. 2011 Seeing failure in your life: Imagery perspective determines whether self-esteem shapes reactions to recalled and imagined failure. Journal of Personality and Social Psychology ,101, 1157-1173.

Luchies, L. B., Finkel, E. J., McNalty, J. K., & Kumashiro, M. 2010 The doormat effect: When forgiving erodes self-respect and self-concept clarity. Journal of Personality and Social Psychology ,98, 734-749.

Martin, J. J., Pamela, A. K., Kulinna, H., & Fahlman, M. 2006 Social physique anxiety and muscularity and appearance cognitions in college men. Sex Roles ,55, 151-158.

McConnell, A. R., Brown, C. M., Shoda, T. M., Stayton, L. E., & Martin, C. E. 2011 Friends with benefits: On the positive consequences of pet ownership. Journal of Personality and Social Psychology ,101, 1239-1252.

McFarland, C., & Buehler, R. 1995 Collective self-esteem as a moderator of the frog-pond effect in reactions to performance feedback. Journal of Personality and Social Psychology ,68, 1055-1070.

Miller, C. T. & Downey, K. T. 1999 A meta-analysis of heavyweight and self-esteem. Personality and Social Psychology Review ,3, 68-84.

Moore, D. A. & Small, D. A. 2007 Error and bias in comparative social judgment: On being both better and worse than we think we are. Journal of Personality and Social Psychology ,92, 972-989.

Newman, M. G., Hofmann, S. G., Trabert, W., Roth, W. T., & Taylor, C. B. 1994 Does behavioral treatment of social phobia lead to cognitive changes? Behavior Therapy ,25, 503-517.

Osborne, J. W. 1995 Academics, self-esteem, and race: A look at the underlying assumptions of the disidentification hypothesis. Personality and Social Psychology Bulletin ,21, 449-455.

Palmer, L. K. 1995 Effects of a walking program on a attributional style, depression, and self-esteem in women. Psychological Reports ,81, 891-898.

Peetz, J., Gunn, G. R., & Wilson, A. E. 2010 Crimes of the past: Defensive temporal distancing in the face of past in-group wrongdoing. Personality and Social Psychology Bulletin ,36, 598-611.

Reid, C. A., Green, J. D., Wildschut, T., & Sedikides, C. 2015 Scent-evoked nostalgia. Memory ,23, 457-466.

Roberts, S. C., Little, A. C., Lyndon, A., Roberts, J., Havlicek, J., & Wright, R. L. 2009 Manipulation of body odour alters men's self-confidence and judgements of their visual attractiveness by women. International Journal of Cosmetic Science ,31, 47-54.

Rude, S. S., Gortner, E.M., & Pennebaker, J. W. 2004 Language use of depressed and depression-

Forbes, G. B., Jobe, R. L., & Richardson, R. M. 2006 Associations between having a boyfriend and the body satisfaction and self-esteem of college women: An extension of the Lin and Kulik hypothesis. Journal of Social Psychology ,146, 381-384.

Gebauer, J. E., Broemer, P., Haddock, G., & von Hecker, U. 2008 Inclusion-exclusion of positive and negative past selves: Mood congruence as information. Journal of Personality and Social Psychology ,95, 470-487.

Greenwald, A. G., Spangenberg, E. R., Pratkanis, A. R., & Eskenazi, J. 1991 Double-blind tests of subliminal self-help audiotapes. Psychological Science ,2, 119-122.

Gross, E. F. 2009 Logging on, bouncing back: An experimental investigation of online communication following social exclusion. Developmental Psychology ,45, 1787-1793.

Hansen, J. & Wänke, M. 2009 Think of capable others and you can make it! Self-efficacy mediates the effect of stereotype activation on behavior. Social Cognition ,27, 76-88.

Heimpel, S. A., Wood, J. V., Marshell, M. A., & Brown, J. D. 2002 Do people with low self-esteem really want to feel better? Self-esteem differences in motivation to repair negative moods. Journal of Personality and Social Psychology ,82, 128-147.

Hill, R. A., & Barton, R. A. 2005 Red enhances human performance in contests. Nature , 435, 293.

Holland, G. & Tiggemann, M. 2016 A systematic review of the impact of the use of social networking sites on body image and disordered eating outcomes. Body Image ,17, 100-110.

Jones, E. E., Rhodewalt, F., Berglas, S., & Skelton, J. A. 1981 Effects of strategic self-presentation on subsequent self-esteem. Journal of Personality and Social Psychology ,41, 407-421.

Kane, T. D., Marks, M. A., Zaccaro, S. J., & Blair, V. 1996 Self-efficacy, personal goals, and wrestlers' self-regulation. Journal of Sport & Exercise Psychology ,18, 36-48.

Kernis, M. H. & Sun, C. R. 1994 Narcissism and reactions to interpersonal feedback. Journal of Research in Personality ,28, 4-13.

Klassen, R. M., Ang, R. P., Chong, W. H., Krawchuk, L. L., Huan, V. S., Wong, I. Y. F., & Yeo, L. S. 2010 Academic procrastination in two settings: Motivation correlates, behavioral patterns, and negative impact of procrastination in Canada and Singapore. Applied Psychology: An international review ,59, 361-379.

Lechelt, E. C. 1975 Occupational affiliation and ratings of physical height and personal esteem. Psychological Reports ,36, 943-946.

of Mental Health ,12, 175-196.

Cambron, M. J., Acitelli, L. K., & Steinberg, L. 2010 When friends make you blue: The role of friendship contingent self-esteem in predicting self-esteem and depressive symptoms. Personality and Social Psychology Bulletin ,36, 384-397.

Cameron, J. J., Holmes, J. G., & Varauer, J. D. 2009 When self-disclosure goes awry: Negative consequences of revealing personal failures for lower self-esteem individuals. Journal of Experimental Social Psychology ,45, 217-222.

Cameron, J. J., Stinson, D. A., Gaetz, R., & Balchen, S. 2010 Acceptance is in the eye of the beholder: Self-esteem and motivated perceptions of acceptance from the opposite sex. Journal of Personality and Social Psychology ,99, 513-529.

Campbell, W. K. 1999 Narcissism and romantic attraction. Journal of Personality and Social Psychology ,77, 1254-1270.

Carney, D. R., Cuddy, A. J. C., & Yap, A. J. 2010 Power posing: Brief nonverbal displays affect neuroendocrine levels and risk tolerance. Psychological Science, 21, 1363-1368.

Cash, T. F., Dawson, K., Davis, P., Bowen, M., & Galumbeck, C. 1989 Effects of cosmetics use on the physical attractiveness and body image of American college women. Journal of Social Psychology ,129, 349-355.

Conmy, B., Tenenbaum, G., Eklund, R., Roehrig, A., & Filho, E. 2013 Trash talk in a competitive setting: Impact on self-efficacy and affect. Journal of Applied Social Psychology ,43, 1002-1014.

Daniesl, E., & Leaper, C. 2006 A longitudinal investigation of sport participation, peer acceptance, and self-esteem among adolescent girls and boys. Sex Roles ,55, 875-880.

Delinsky, S. S. 2005 Cosmetic surgery: A common and accepted form of self-improvement. Journal of Applied Social Psychology ,35, 2012-2028.

Di Paula, A., & Campbell, J. D. 2002 Self-esteem and persistence in the face of failure. Journal of Personality and Social Psychology ,83, 711-724.

Dunning, D. & McElwee, R. O. 1995 Idiosyncratic trait definitions: Implications for self-description and social judgment. Journal of Personality and Social Psychology ,68, 936-946.

Fennell, M. 2016 Overcoming low self-esteem. Robinson.

参考文献

Alicke, M. D., LoShiavo, F. M., Zerbst, J., & Zhang, S. 1997 The person who outperforms me is a genius: Maintaining perceived competence in upward social comparison. Journal of Personality and Social Psychology ,73, 781-789.

Alloy, L. B., Abramson, L. Y., Murray, L. A., & Whitehouse, W. G., & Hogan, M. E. 1997 Self-referent information-processing in individuals at high and low cognitive risk for depression. Cognition and Emotion ,11, 539-568.

Andrews, B., & Brown, G. W. 1995 Stability and change in low self-esteem: The role of psychosocial factors. Psychological Medicine, 25, 23-31.

Aron, A., Paris, M., & Aron, E. N. 1995 Falling in love: Prospective studies of self-concept change. Journal of Personality and Social Psychology ,69, 1102-1112.

Baccus, J. R., Baldwin, M. W., & Packer, D. J. 2004 Increasing implicit self-esteem through classical conditioning. Psychological Science ,15, 498-501.

Bahrick, H. P., Hall, L. K., & Berger, S. A. 1996 Accuracy and distortion in memory for high school grades. Psychological Science ,7, 265-271.

Barton, J. & Pretty, J. 2010 What is the best dose of nature and green exercise for improving mental health? A multi-study analysis. Environmental Science & Technology ,44, 3947-3955.

Baumgardner, A. H. 1990 To know oneself is to like oneself: Self-certainty and self-affect. Journal of Personality and Social Psychology ,58, 1062-1072.

Begue, L., Bushman, B. J., Zerhouni, O., Subra, B., & Ourabah, M. 2013 Beauty is in the eye of the beer holder: People who think they are drunk also think they are attractive. British Journal of Psychology ,104, 225-234.

Bembenutty, H. 2009 Academic delay of gratification, self-efficacy, and time management among academically unprepared college students. Psychological Reports ,104, 613-623.

Bleske-Rechek, A., Remiker, M. W., & Baker, J. P. 2008 Narcissistic men and women think they are so hot – but they are not. Personality and Individual Differences ,45, 420-424.

Bracke, P., Christiaens, W., & Verhaeghe, M. 2008 Self-esteem, self-efficacy, and the balance of peer support among persons with chronic mental health problems. Journal of Applied Social Psychology ,38, 436-459.

Bryant, F. B. 2003 Savoring beliefs inventory(SBI): A scale for measuring beliefs about savouring. Journal

[著者]

内藤誼人（ないとう・よしひと）

心理学者。立正大学客員教授。有限会社アンギルド代表。慶應義塾大学社会学研究科博士課程修了。

社会心理学の知見をベースにした心理学の応用に力を注いでおり、とりわけ「自分の望む人生を手に入れる」ための実践的なアドバイスに定評がある。

『世界最先端の研究が教える新事実　心理学 BEST100』（総合法令出版）、『人も自分も操れる！　暗示大全』（すばる舎）、『図解　身近にあふれる「心理学」が3時間でわかる本』『面倒くさがりの自分がおもしろいほどやる気になる本』『気にしない習慣 よけいな気疲れが消えていく 61 のヒント』（以上、明日香出版社）など、著書多数。

自信をつける習慣　よけいな迷いが消えていく 58 のヒント

2023 年　3 月　19 日　初版発行
2024 年　4 月　23 日　第23刷発行

著　　者　内藤誼人
発 行 者　石野栄一
発 行 所　明日香出版社
〒112-0005　東京都文京区水道 2-11-5
電話　03-5395-7650（代表）
https://www.asuka-g.co.jp

印刷・製本　シナノ印刷株式会社

　ISBN 978-4-7569-2259-5

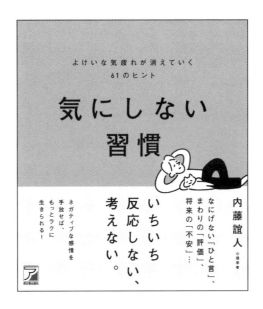